Descubre todo el poder
que hay en ti

A pesar de haber puesto el máximo cuidado en la redacción de esta obra, el autor o el editor no pueden en modo alguno responsabilizarse por las informaciones (fórmulas, recetas, técnicas, etc.) vertidas en el texto. Se aconseja, en el caso de problemas específicos —a menudo únicos— de cada lector en particular, que se consulte con una persona cualificada para obtener las informaciones más completas, más exactas y lo más actualizadas posible. EDITORIAL DE VECCHI, S. A. U.

Lucien Liroy

DESCUBRE TODO EL PODER QUE HAY EN TI

dve
PUBLISHING

Índice

SEGUNDA PARTE: ¿CÓMO DIRIGIR SU PROPIA VIDA?

TERCERA PARTE: INFLUIR EN LOS DEMÁS

Prólogo

Esta obra no tiene que considerarse como una recopilación de recetas prácticas. Se trata del primer nivel en el camino que lleva al conocimiento de la vida y a la plenitud del ser. No es tampoco un elogio del materialismo, pero la experiencia demuestra que les es difícil, a los que luchan con los problemas cotidianos, comprender el sentido profundo de la vida y aprovechar todas sus posibilidades. Sin embargo, instalarse en este nivel representaría encontrarse con graves contrariedades.

No se entretenga demasiado al principio sobre el aspecto teórico de este estudio, sobre todo si se acerca a él con la intención de encontrar una solución a problemas urgentes. Incluso en ese caso no debe ser impaciente; lo mejor es leer una primera vez este texto, rápidamente, sin tomar notas. Usted dispone de una capacidad de discernimiento suficiente para empezar en lo más profundo de su ser un trabajo que no dejará de dar —un día u otro e incluso sin que usted sea consciente de ello— efectos saludables.

No debe perder de vista el hecho de que si cualquier persona aplica de forma espontánea los principios indicados en esta obra, obtendrá resultados. Esto es así para numerosas personas de las que se dice que la suerte les ha ayudado; algunas de ellas han actuado incluso en contra de la prudencia más elemental y se han arriesgado al máximo.

Si se conforma con hacer simplemente, pero por completo, lo que se aconseja en el caso que le interesa para resolver un problema puntual, las cosas se harán conforme a las leyes naturales.

Varias razones esenciales nos llevan a estudiar los poderes superiores que se encuentran en nosotros:

— alcanzar el mayor potencial;
— recuperar la salud;
— conseguir una buena posición económica o la riqueza;
— conseguir los deseos más queridos;
— obtener ciertas ventajas;
— ejercer poder sobre nuestros semejantes;
— adquirir bienes, de cualquier naturaleza que sean, etc.

Todos estos objetivos pueden ser deseables y legítimos si es el amor el que nos guía. El amor de la vida, el amor de uno mismo y el amor de los demás. En caso contrario, sólo pueden ser una fuente de desgracias.

Lo primero que estudiaremos serán las *leyes superiores de la vida* bajo un ángulo ordinario, libre de todos los velos de la superstición; después, la acción que se puede ejercer sobre uno mismo y, en último lugar, cómo actuar sobre los demás, respetando las leyes de cada uno y por el bien de todos.

Las tesis que presentamos aquí pueden parecerle gratuitas, pero nadie le pide que crea en ellas; al contrario, es preferible hacer exactamente y en su totalidad todo lo que le indico si quiere resolver un problema en concreto. Conformarse haciendo sólo lo que le interesa o lo que le gusta únicamente conseguiría llevarle al fracaso. Sería sólo una pérdida de tiempo. De todos modos, no se trata de ritos o de ceremonias destinadas a ser repetidas hasta el final de su existencia, sino sólo de una especie de *reacondicionamiento* o de *reeducación* que tiene como objetivo colocarle de nuevo en el orden cósmico, encontrar su verdadera naturaleza, comunicar con el espíritu infinito que se encuentra en usted. Ya verá cómo luego las cosas tenderán a arreglarse por sí solas, sin que usted tenga que hacer nada al respecto. Las facultades no ordinarias del hombre son tan simples y naturales en su esencia como las que utilizamos todos los días para caminar, hablar, estudiar, etc.

Primera parte

LA ACCIÓN DEL ESPÍRITU

Saber es poder

Los poderes del espíritu humano

Varias razones le pueden haber llevado a abrir un libro referente a los poderes del espíritu: la curiosidad o simplemente el deseo de alcanzar algunos objetivos que les parecen inaccesibles a través de los medios ordinarios.

Quizás, entre los lectores de esta obra, se encuentren personas que tienen problemas graves que les han llevado a pensar que la vida no valía la pena ser vivida. Otros que tienen, como se dice, *todo para ser felices*, pueden sentirse a pesar de ello insatisfechos, frustrados, a veces incluso consumidos por el rencor. Luego están aquellos que, a pesar de las capacidades reales de las que disponen y de un trabajo serio, no consiguen llevar a cabo sus legítimos proyectos o no consiguen obtener lo que *desean** [1].

De hecho, cuando se considera la forma de vida en la Tierra, algunos se sienten arrastrados a creer que tienen como único objetivo complicar la existencia de los hombres y que estos no cesan de crearse otros problemas. Las obras más antiguas, como la Biblia, el *Bhagavad-Gîtâ (El canto del bienaventurado)*, el *Mahābhārata (La gran lucha de los Bhārata)*, el *Tao-të-king, (El libro del Tao y del Tê)*, el *Pop Wuh, (Libro de las tradiciones)*, el *Bardo thödol*, etc., demuestran que ha sido siempre así y que los hombres han buscado constantemente métodos seguros para resolver sus innumerables problemas o realizar sus deseos. Su

1. Las palabras acompañadas por un asterisco remiten al glosario, pág. 153

creatividad es tal que actualmente se puede enumerar una infinidad de métodos que se supone que lo consiguen. Se considera que la mayoría de estos métodos proceden de revelaciones de distintas fuentes:

— de superhombres que vivían en lugares secretos;
— de extraterrestres de paso sobre la tierra o instalados entre los hombres, incluso ocupando el lugar de algunos de ellos;
— de seres divinos o celestiales;
— de seres infernales.

Actualmente se tiende a explicarlos a través de teorías científicas que conservan sin embargo una cierta parte de irracionalidad debido a que es difícil demostrar una relación indiscutible entre un método y el resultado final. Puesto que, es innegable, algunas personas obtienen resultados aunque no son ni mucho menos una mayoría.

La consecuencia de esta imprecisión es que las personas se sienten inclinadas a sacar conclusiones según su propio temperamento, su capacidad de comprensión o su formación y, sobre todo, sus condicionamientos. Esto les lleva a creencias todavía más irracionales, que crean nuevos problemas todavía más graves. Esto es válido también para las teorías científicas comprobadas.

Sea como sea, este estado de las cosas conviene a una mayoría de hombres y de mujeres que sólo buscan en realidad un apoyo psicológico para soportar las dificultades de la existencia o una ayuda para poder salir de situaciones complicadas, a ser posible sin tener que hacer nada ellos mismos. Los que conocen la verdad saben que no pueden cambiar nada sobre esto. Sólo pueden conformarse con ayudar de la mejor forma posible a aquellos que se lo piden. En cambio, existen personas para aprovecharse de ello, empujadas por *víctimas* apasionadas por la fantasía y lo maravilloso.

Pongamos un ejemplo: una mujer joven me pide consejo para resolver un problema difícil. Estamos sentados alrededor de una mesa, en su cocina. Le explico lo que tiene que hacer y su problema acaba resolviéndose perfectamente. Al cabo de un tiempo, una de sus amigas me pide que vaya a verla porque tiene un problema análogo. La aconsejé y, en el momento en el que me disponía a irme, me dijo: «¿No va a hacer nada con la maceta de flores?». Había en efecto una planta encima de la mesa. Seguramente que en casa de su amiga había una y seguramente también yo la debí tocar de forma involuntaria en un determinado momento. Yo no me acuerdo, pero mi interlocutora quizá creyó que yo hacía algo mágico.

Considerando la vida desde un estricto punto de vista cósmico, todos los problemas de entre los que pueden sufrir los hombres, incluso los más dramáticos, sólo tienen como objetivo hacernos avanzar en el ámbito espiritual, hacernos descubrir las leyes universales y los poderes que se encuentran en nosotros.

La palabra *universal* significa «que lleva sobre todo lo que existe». Dicho de otro modo, el principio universal de la vida está por todas partes y, por lo tanto, en cada ser humano. Se trata efectivamente de un poder superior, de una inteligencia infinita, de una energía sin límites, que trasciende las leyes ordinarias de la naturaleza y que puede ser utilizada por cualquiera y en todas las circunstancias de la vida.

Insisto sobre este hecho: es cada individuo, tanto si lo quiere como si no, tanto si es consciente de ello como si no lo es, el que dirige el proceso de la vida en lo que le concierne personalmente, así como todos sus asuntos, a menos que lo deje en manos de otros o a menos que se deje llevar por el azar, lo que viene a ser lo mismo.

El mensaje que quiere recordar esta obra es el siguiente: *usted es el ser más importante de la existencia, puesto que el principio absoluto de la vida está en usted.*

Veremos de forma concisa las leyes cósmicas que dirigen la vida. No es posible tratar de un tema tan complejo de forma exhaustiva en el marco de una obra que quiere ser práctica. No es más útil para aprovecharse de ello que el hecho de conocer el funcionamiento del aparato digestivo para comer y estar sano. No pensamos nunca en nuestro estómago hasta que se nos plantea un problema. En ese momento puede ser útil cambiar nuestras costumbres, incluso plantearse un remedio más radical. Sucede lo mismo con la vida: cuando las cosas van mal o, más sencillamente, no van como querríamos que fueran, es suficiente cambiar nuestra forma de pensar y de actuar para que la situación evolucione. Todo el mundo puede beneficiarse del poder universal —inteligencia y energías infinitas—, que actúa como ley para conseguir bienestar y beneficios.

Los maestros secretos de ayer y de hoy

Las leyendas antiguas, como la historia de la humanidad, relatan un gran número de prodigios realizados por hombres *a priori* ordinarios. Estos hombres han existido. Aunque la mayoría vivían humildemente, ejercían una influencia indiscutible sobre sus congéneres. Tenían la fama de que eran capaces de volar, de desplazarse a la velocidad del pensamiento, de subyugar a los hombres y a los animales, de someter a sus enemigos con una simple mirada, de dominar tanto a los elementos como a las entidades invisibles que podían hacer trabajar para ellos mismos. Y todavía hay más: estos seres legendarios podían vivir durante muchos años, hasta tal punto que se creía que eran inmortales, y a lo largo de toda su existencia, algunos de entre ellos disponían de recursos financieros casi inagotables.

Todavía hoy existen hombres de excepción, simplemente porque la fuente de sus poderes es inherente al hombre; pero en la era de la electrónica, del automóvil, del teléfono, del avión, de la radio, de la televisión, de la informática, de la energía nuclear, etc., y sobre todo de la organización más colectiva de la sociedad, sus proezas no parecen ya tan espectaculares. Por otro lado, es necesario añadir que no buscan la publicidad.

Usted dispone de un mago en su interior

Todavía en la actualidad, todos los hombres que desean mejorar su existencia, influir en su entorno, alcanzar objetivos excepcionales, etc., utilizan, de forma consciente o de forma inconsciente, los poderes naturales de su espíritu. Usted es también un superhombre (o una supermujer) en potencia, puesto que en su interior se encuentra ese poder que permite realizar prodigios. Su espíritu profundo, el *superconsciente**, que es su yo real, posee facultades que usted quizá desconoce: se trata de un poder de una potencia ilimitada. Si usted deja que actúe libremente, usted hará y obtendrá también todo lo que puede desear de forma legítima.

Todo lo que cualquiera haya podido realizar u obtener, y muchas más cosas todavía, están al alcance de su mano. Para ello basta con recurrir a su espíritu interior, a su espíritu infinito, a través del pensamiento o a través de la palabra y dejar que trabaje en su lugar. Cuando usted lo asocia a lo que hace, lo que antes le parecía imposible puede hacerse posible.

En realidad, probablemente usted utiliza ya sin saberlo los poderes de su espíritu, puesto que nadie puede hacer nada sin su espíritu. Es la fuente, no sólo de su vitalidad, sino también de todo lo que usted puede ya hacer o tener. Usted no podría levantar ni siquiera el dedo meñique sin él, aunque su cuerpo físico y su cerebro estuvieran en perfecto estado. Por ello millones de personas se sienten incapaces de vivir, se encuentran sin fuerza, sin energía. Son muchos los hombres, las mujeres y los niños que se encuentran en coma o que caen en profundas depresiones sin que sea posible encontrar ninguna causa clínica.

Algunos de entre ellos salen de ese estado bruscamente, al cabo de pocos días, algunos meses, incluso años, sin que los médicos sepan el porqué; a veces sin ninguna secuela, como si se hubieran tomado unas vacaciones de la vida. Los hospitales están llenos de personas cuyo estado clínico no justifica su hospitalización, pero que no consiguen superar su estado, mientras que otras personas, con afecciones mucho más graves, se curan rápidamente, casi de forma milagrosa.

Usted es un verdadero mago y su varita mágica es su pensamiento, tanto si se expresa oralmente como si no lo hace. Se trata de una varita muy eficaz que usted tiene que aprender a utilizar obligatoriamente si quiere dejar de hacerse daño y actuar en cambio de forma positiva.

Existe una infinidad de técnicas basadas en la psicología, la religión, el yoga, etc., que permiten obtener todo lo que se desea. Algunas de estas técnicas adelantan teorías científicas o pseudocientíficas, otras se rodean de misterios nebulosos. Las religiones dicen que se trata de los dioses —cada una el (o los) suyo(s)—: Cristo, los profetas o los santos, los únicos que tienen el poder de hacer realidad los votos o los deseos de sus fieles. El inconveniente es que esto sobreentiende la adopción global de los dogmas, de las creencias, de las costumbres y de las prácticas de un grupo y, a menudo, la obligación de someterse a una jerarquía.

Existe por otro lado un dilema que se basa en el hecho de que inevitablemente estamos inducidos a pensar que unas entidades tan superiores sólo pueden intervenir en favor de simples mortales si realmente lo quieren, sin que podamos saber previamente si satisfarán nuestros deseos o no. Esto lleva a comportamientos excesivos, tales como hacer promesas a la entidad, hacerle regalos, e incluso mortificarse o mutilarse. Esto puede llegar muy lejos. Lo que es incontestable es que la petición de ayuda, a cualquier instancia espiritual y bajo cualquier latitud, sea cual sea, ha permitido desde siempre resolver problemas y curar de forma inexplicable.

Por lo que se refiere a los métodos psicológicos, se han expuesto diversas teorías científicas y se han propuesto una infinidad de técnicas.

Tanto unas como otras consiguen menos resultados de lo que se cree habitualmente; sin embargo, los pocos resultados obtenidos son suficientes para mantener las convicciones de sus defensores, que no se dan ni siquiera cuenta de que en realidad las cosas no funcionan tan bien como ellos quieren.

Sea como sea, todos estos métodos son útiles puesto que responden a todo el surtido de temperamentos y preferencias individuales. Las personas que no se sienten atraídas por la religión obtendrán muy pocos resultados a través de la plegaria. En cambio, a los que no les atrae el gusto por los estudios librescos ni los ejercicios psíquicos arduos, o incluso la relajación, preferirán confiar su suerte a todo tipo de divinidades o guías, es decir a entidades diabólicas, con el riesgo de perder su *alma*, hablando en sentido real y en sentido figurado.

El verdadero mago es usted, más exactamente su espíritu interior. Esto significa que usted puede teóricamente conseguir y realizar todo lo que desea, o algo equivalente, sin esfuerzo y sin lucha, cuando usted deja al *espíritu infinito* que se encuentra en usted actuar por usted y a través de usted.

Conocimiento de la vida, conocimiento de uno mismo

Conócete a ti mismo: no es una casualidad que hombres eminentes hayan hecho de este aforismo la clave de sus doctrinas. Se trata en realidad de uno de los consejos más seguidos. Las innumerables obras que llenan las estanterías de las bibliotecas en el ámbito de las ciencias adivinatorias, coyunturales, proyectivas, analíticas, etc., lo testifican. No es necesario utilizar poderes trascendentales para afirmar, sin riesgo de equivocarse, que la mayoría de los lectores de estas obras han abierto, aunque sólo sea una vez, uno de esos fascinantes volúmenes con la secreta esperanza, o el objetivo confesado, de descubrir en ellos una *clave providencial*.

Nuestra sed de conocimiento no se detiene nunca. Hacemos que nos descubran nuestro mundo astrológico, nuestro perfil grafológico, caracterológico o biorrítmico y nos lanzamos sobre los innumerables cuestionarios que aparecen en las revistas. Nos situamos perfectamente en la tipología de Corman, de Le Senne o de Hipócrates. Recurrimos al autoanálisis según el método de Le Cron. Nos proponemos superar nuestros complejos gracias a Adler y acabar con nuestro complejo de Edipo con la ayuda de Freud. Además, seguimos las enseñanzas de los curas, de los pastores, de los gurús —tradicionales o *científicos*— y todos llevamos en nuestros bolsillos algunos carnets que nos descubren como miembros de grupos de iniciación. Participamos en congresos, en simposios sobre las ciencias del espíritu o los poderes *psi*. Eso es tanto como decir que tenemos de nosotros mismos y del mundo un conocimiento de lo más extendido. Sin embargo, esta cantidad considerable de informaciones no hace más que enturbiar la visión que tenemos de la existencia del hombre, en general y en particular.

Para empezar, el conocimiento y la aplicación de las leyes de la vida liberan al hombre de la superstición, de la duda y del miedo —sus verdaderos y únicos enemigos—, y a continuación, de la enfermedad, de las carencias y de las limitaciones. Resuelven los problemas y aparecen los trastornos del espíritu. Esto es tan cierto que las autoridades, religiosas y políticas —a menudo son las mismas— que se suceden desde que el mundo es mundo, se esfuerzan en mantener a las poblaciones en la ignorancia sobre los secretos de la vida. La enseñanza, pública o privada, se conforma con dar formación a los niños o a los adultos para que ocupen las funciones de la existencia ordinaria y para que entren en el molde del conformismo.

La vida es para nosotros algo tan natural que nos es difícil, mientras no se plantee ningún problema, darnos cuenta de hasta qué punto es maravillosa y compleja. La mayoría de nosotros se conforma con aprovecharla o sufrirla, ignorando el hecho de que, en todos los casos, son ellos los que la dirigen tanto de forma individual como de forma colectiva.

Aunque esto pueda parecer una perogrullada, yo quiero reafirmarlo: el ser humano está vivo. Yo no estoy diciendo que el ser humano vive, puesto que ello podría implicar un acto voluntario de la personalidad psíquica, mientras que la casi totalidad de los procesos que lo mantienen con vida son inconscientes. Sin embargo, están inscritos en nosotros y cada uno puede aprender a conocerlos a través de sus manifestaciones y sus consecuencias, pero también penetrándolos íntimamente. Este conocimiento de la vida no es necesario para vivir, pero es indispensable para aquellos que quieren dirigir su vida.

La verdad es que es más fácil dejarse llevar y afiliarse, para apaciguar las dudas y los miedos, a una de las teorías filosóficas, científicas o religiosas que explican la existencia del hombre y su destino, aunque la mayoría de ellas no aporta ningún tipo de explicación seria a nuestra presencia sobre la tierra ni tampoco una razón real para vivir. Algunas personas se asocian a dos o incluso a varios sistemas que pueden ser perfectamente contradictorios, lo que los conduce, un día u otro, a desengaños humillantes, al sufrimiento, a la sublevación o a la renuncia.

Los límites de la personalidad

Se puede comparar al hombre con un autómata si se tiene en cuenta que está sometido a procesos físicos y psicológicos. Los mecanismos que presiden normalmente la elaboración del pensamiento, el mando de la acción, así como el funcionamiento del organismo, han sido objeto de profundos estudios. Son ellos los que nos animan en cada segundo de la existencia. Están formados por compartimentos interdependientes que en su mayoría son inconscientes. El consciente, por sí mismo, no funciona con la misma intensidad. Se numeran normalmente siete estados de conciencia: el coma, el sueño profundo, el sueño ligero con sueños, el ensueño o el adormecimiento, la vigilia amplia, la vigilia atenta y la vigilia excesiva. Veremos más adelante que existen otros, más eficientes, durante los cuales la conciencia ordinaria es al mismo tiempo absolutamente no activa e hipervigilante, puesto que es la *supraconciencia**, o la pura conciencia, la que actúa y el pensamiento se genera en ese caso sobre el plano de lo absoluto.

Esta última precisión es muy importante. Se trata incluso de la clave de la acción psíquica.

Aunque es muy fácil comprender intelectualmente que el hombre es un ser múltiple, poca gente consigue concebir todo lo que ello implica.

Por ejemplo, nuestra conciencia de ser está extraordinariamente situada en el plano mental, en el cerebro físico. Cuando pensamos en la existencia ordinaria, es por lo tanto la personalidad física la que piensa, con todos los límites que esto supone. Sin embargo, la conciencia puede transferirse a los demás elementos del ser, y sobre todo a la supraconciencia. Por lo tanto, es en ese nivel y sólo en ese donde tiene lugar la acción psíquica. Sea cual sea el método utilizado —plegaria, *telepsiquismo**, ceremonias varias—, la acción consiste en una petición de la mente a la supraconciencia, pero siempre mediante el intermedio de nuestro propio espíritu individual. Encontramos en este punto a la famosa trinidad. La mente no puede dirigirse nunca directamente a la supraconciencia.

Si he querido presentar, aunque de forma muy sucinta, la estructura psicológica del ser humano es para mostrar correctamente que, aparte de una acción voluntaria, estamos sometidos, aunque nos repugne tener que admitirlo, a la actividad inconsciente del cerebro.

El acto voluntario exige un conocimiento y una reflexión previa y un compromiso. En la vida diaria, son pocas las acciones que responden a esta definición, a menos que hayamos escapado, aunque sólo fuera parcialmente, de la tutela de los mecanismos instintivos, fisiológicos y psicológicos, y que nos mantengamos, además, protegidos de las influencias del mundo exterior que no son siempre positivas. Incluso cuando llega el momento, no son siempre buenas para nosotros.

En la actividad habitual del hombre normal, y sea cual sea su grado de inteligencia o de instrucción, la parte de los estadios no conscientes de la personalidad sobrepasa las nueve décimas. En la mayoría de los casos, la acción no es más que la resultante de las necesidades fundamentales, de los impulsos instintivos y de las necesidades mediatas e inmediatas condicionadas por todo lo que constituye la personalidad: el potencial hereditario, el atavismo, el instinto, el carácter, las necesidades fisiológicas y psicológicas, las latencias, la educación, la experiencia, los diversos condicionamientos y las exigencias del medio. En la vida corriente, se toma muy a menudo por reflexión lo que no es más que una racionalización *a posteriori* de una decisión subconsciente, consecutiva a estimulaciones interiores o exteriores.

El mecanismo de la racionalización se demuestra en la sugestión poshipnótica, la orden dada a un sujeto en estado de hipnosis y que tiene que ejecutar a los pocos minutos, a los pocos días o incluso varios años después de despertar. El sujeto puede dar explicaciones entonces perfectamente lógicas y creíbles de lo que está a punto de realizar cuando en realidad ha sido algo que se le ha impuesto de forma indiscutible.

El hombre se niega en general a admitir que pueda estar dirigido por la parte inconsciente de su psiquismo, pero en cambio es la realidad. El ser humano es un conjunto de rasgos de carácter que determinan cada uno de los tipos de comportamiento basados en el potencial hereditario, moldeados por las experiencias de la vida y que se expresan finalmente por las formas de conducta constantes presentes en cada individuo. Dicho de otra forma, la conducta humana está, hasta un cierto punto, determinada por elementos que no dependen en ningún caso de la reflexión y todavía menos de la voluntad. Está sometida a las leyes rigurosas que rigen la adaptación al medio. El verdadero problema para una persona normal consiste en comprender o admitir que está sometida a todos esos mecanismos y eso sea cual sea su edad, su situación, su grado de instrucción y su función en la sociedad, a menos que se haya decidido de forma voluntaria a dominarlos y, sobre todo, a trabajar en ese sentido. Además, este control tiene que efectuarse de forma permanente, puesto que las influencias internas o externas se ejercen de forma constante.

El karma

Además de las limitaciones inherentes al ser físico y a su vida en el mundo físico que acabamos de evocar, existen razones más radicales para que la existencia individual no esté siempre de acuerdo con lo que cada uno puede esperar de ella y que explican que sea tan difícil ponerles remedio en numerosos casos a pesar de los enormes esfuerzos realizados. Dependen todas del propio principio de la vida, de la esencia del ser y de su finalidad.

Las causas que participan en los pequeños y en los grandes acontecimientos de la vida son múltiples, indefinibles, *indescriptibles*, imprevisibles o inexplicables, de tal manera que hablamos de azar. Esta palabra significa sólo que no conocemos esas causas, puesto que el azar no existe. Todo lo que le sucede al hombre de forma individual o de forma colectiva es el resultado de una voluntad inicial y de la acción de la ley cósmica de las causas y los efectos, es decir, de la ley del *karma*.

El hombre es por esencia una individualización del ser universal, ser espiritual cuyo objetivo de la vida terrestre es encontrar su perfección original mediante reencarnaciones sucesivas. Cada uno de sus actos tiene una repercusión, comporta consecuencias en sus existencias futuras. De esta forma, la mayoría de los hechos destacados de nuestra vida, de nuestras enfermedades, de nuestros dones, o al contrario, de nuestros defectos, que se explican de distinta forma basándose en los indicios objetivos, no son más que las apariencias de la realidad.

El hecho de tomar en cuenta el principio de la reencarnación es esencial tanto para aprovecharse de las buenas influencias como para escapar, al contrario, de un destino negativo.

Las claves
de la acción psíquica

Primera clave: el pensamiento

El pensamiento es el acto fundamental del hombre puesto que suscita lo que expresa. No sólo en el propio individuo, sino también fuera de él. Esto puede referirse a una cosa concreta (objeto, planta, animal o persona) o a nociones abstractas (conocimiento, ley de la naturaleza, sentimiento humano).

Cada pensamiento, desde el momento en que se emite, esté representado por palabras o por imágenes mentales, se convierte en una entidad autónoma, en una cosa que actúa conforme a su naturaleza o a su mensaje.

Para comprender bien esto, es suficiente con saber que existen en lo invisible —en el plano espiritual y en el abstracto— estructuras comparables a los aparatos digestivo, cardiaco, etc., del cuerpo físico.

Pongamos el ejemplo de la digestión: una persona siente hambre. Tanto si se come una manzana, como un bistec o una comida completa, sólo le ocupa algunos minutos, después de los cuales no piensa más en ello; sin embargo, esos alimentos pasarán veinticuatro horas de media en el tubo digestivo, desde la boca hasta el colon, pasando por el estómago, y el intestino delgado, sobre todo en su parte inicial, el duodeno. Pasan por un número increíble de tratamientos mecánicos (masticación y mezcla estomacal) cuyo objetivo es fragmentarlos para facilitar su transformación química (hidrólisis gracias a las enzimas, a la bilis, al jugo del páncreas). Las moléculas orgánicas complejas se convierten en moléculas más sencillas que podrán ser absorbidas por la sangre y la linfa para ser distribuidas a continuación a los diversos órganos, a las células, etc. Este considerable trabajo que provoca cada comida dura una media de veinticuatro horas y, menos las personas enfermas, nadie tiene conciencia de ello.

Existe una estructura análoga en el ámbito de lo invisible. Cada uno de nuestros pensamientos, las tres funciones psíquicas definidas por Carl Jung —el sentimiento, la sensación y la intuición— determinan acciones y reacciones en nuestro cuerpo, en nuestro espíritu, pero también en todo el universo. De esta forma, cuando pensamos en el sueño, en una enfermedad, en una facultad, en una capacidad cualquiera, esto evoca en nuestro espíritu las características de lo que nosotros pensamos y provoca, según el caso, una reacción cinética que empieza a establecer en nosotros el sueño, la enfermedad o la facultad correspondiente. De la misma forma, si pensamos en una persona, se establece inmediatamente una relación telepsíquica con esta persona. Transmitimos directamente a su psiquismo los pensamientos, los sentimientos, las emociones, de donde nosotros extraemos informaciones que le conciernen. La persona no tiene conciencia de esto y nosotros tampoco, a menos que ella sea sensitiva o que nosotros actuemos de forma voluntaria.

Esto es de una importancia capital, puesto que si nuestros pensamientos son negativos, pueden determinar los acontecimientos, ponernos enfermos, atraer a nosotros la desgracia, pero también perjudicar a los demás, aunque no sea nuestra intención. Pensar mal de alguien o de forma crítica, aunque justificada, equivale a lanzarle un hechizo, en particular cuando estos pensamientos están amplificados por un resentimiento tenaz, por la envidia, por el odio, etc.

También es necesario saber que todos los pensamientos que emitimos nos retornan amplificados. Para los que son positivos es algo bueno, pero para los que son negativos puede ser catastrófico. Por lo tanto, es necesario aprender a dominar nuestros pensamientos y a utilizarlos para nuestro beneficio y para el beneficio de todos.

El pensamiento tiene el poder de crear, de cumplir o de atraer lo que decreta o expresa. Puede obtener del medio ambiente no sólo todas las energías y la sustancia que necesita para conseguir su objetivo, sino también movilizar todas las colaboraciones, humanas o no, necesarias para su realización. Si la acción de un especialista puede ser de una potencia y de una eficacia enorme y a veces instantánea, ningún pensamiento es totalmente estéril o anodino, ni siquiera inofensivo. Si el hombre piensa durante largo tiempo o de forma repetitiva en lo mismo, consigue siempre su objetivo, siempre que evidentemente se trate de un objetivo realista. En la vida de cada día, esto es visible más a menudo en situaciones negativas relacionadas con las emociones o con los sentimientos negativos potentes que desembocan entonces en el sufrimiento, en enfermedades físicas o morales, en el fracaso... Evidentemente, si el pensamiento se invierte, el mal puede anularse o corregirse.

Segunda clave: la visualización

La imagen mental es una condensación del pensamiento, por lo que está todavía más cerca de la materia. Cuando el pensamiento se traduce en imagen, gana en precisión y en significado. En efecto, podemos concebir una palabra con un sentido preciso, pero puede tener, para nosotros mismos y para la persona a la que está destinada, otras acepciones totalmente diferentes. Utilizada de forma metódica, la imagen mental se convierte realmente en un doble viviente de lo que representa: emite y recibe las mismas ondas. Yo he tenido la posibilidad de realizar algunas experiencias con el doctor Francis Lefébure, creador del fosfenismo, que ha demostrado en los laboratorios que los fosfenos —esas manchas de colores que persisten después de la fijación de una fuente luminosa— no eran sólo ilusiones generadas por el nervio óptico, sino que existían realmente y eran autónomas. Ofrecen importantes posibilidades, sobre todo en la transmisión de pensamientos o en la influencia a distancia.

Cuando se *ve* algo o a alguien con los ojos del espíritu —es decir con la imaginación—, cuando se piensa en ello, esto activa de forma automática un vínculo etéreo que existe entre todos los seres humanos. Se establece entre nosotros y la persona que se *ve* un vínculo cinético interactivo. Incluso un breve contacto tiene un efecto considerable.

La visualización no es muy complicada, tal como comprobaremos gracias a esta pequeña experiencia.

Se tiene que pensar en alguien que se conozca. Puede tratarse de una persona cercana o de un personaje conocido. También se puede pensar en algo: una moto, un coche, una casa, un sofá o cualquier otro objeto. Es posible ayudarse repitiendo mentalmente el nombre varias veces. Automáticamente tendremos delante de los ojos la imagen de esta persona o del objeto que se haya escogido.

A continuación tenemos que intentar guardar esta imagen ante nosotros durante un minuto. ¡Obsérvela!

Acabamos de hacer un ejercicio de visualización. Va mucho más allá de lo que deja suponer su brevedad. Las largas sesiones sólo sirven para superar las propias dudas y los propios bloqueos. De hecho, cuando en una primera experiencia se demuestra la realidad de la acción psíquica, ya no se hacen necesarias las largas y molestas sesiones.

La visualización es tan automática que si se dice por ejemplo a alguien que no piense en la torre Eiffel la verá inmediatamente delante de sus ojos.

Tercera clave: la palabra

Cuando se expresa el pensamiento, mental u oralmente, su energía se multiplica varias veces, lo que aumenta considerablemente su potencia. Al significado de las palabras se añade la energía vibratoria puramente física, aunque se trate de un simple cuchicheo inaudible. Estas vibraciones actúan de forma eficaz también, e incluso con más eficacia, cuando nos expresamos en una lengua desconocida para el sujeto.

Como el pensamiento, la palabra actúa no sólo sobre las personas y sobre los animales, sino también sobre las plantas, sobre los elementos naturales, sobre las sustancias elementales, sobre los objetos y sobre los acontecimientos, y de forma extremadamente precisa.

No se trata de una facultad reservada a algunas personas o que interviene en momentos especiales: es natural y sistemática.

Dicho de otro modo, cuando hablamos, y digamos lo que digamos, actuamos realmente sobre todo nuestro entorno y, sobre todo, sobre nosotros mismos, tanto sobre nuestro cuerpo como sobre nuestro espíritu. Si en la vida corriente las personas no iniciadas no se dan cuenta de ello, es porque la mayoría de ellas hablan mucho y, sobre todo, emiten de forma indistinta juicios, deseos y sentimientos contradictorios, de tal forma que les es imposible distinguir lo que es consecuencia directa de sus palabras. A menudo no hacen más que repetir ideas escuchadas aquí o allí. En cambio, cuando el ontólogo analiza la existencia de una persona que tiene problemas o que presenta trastornos más o menos graves, resulta a menudo que esta persona, en un pasado cercano o lejano, ha expresado mental u oralmente lo que se manifiesta en ese momento, o se ha encontrado en su entorno con distintas personas que han expresado ideas análogas. Sucede a menudo que esta persona cree entonces que ha visto previamente lo que ha sucedido. En ese caso, el solo hecho de expresar lo contrario, con por lo menos la misma constancia, puede ser suficiente para corregir o para hacer desaparecer el problema.

¿Cómo actúa la palabra?

La palabra tiene una influencia mayor de lo que se cree habitualmente. Esta influencia puede ser muy perniciosa sea cual sea el cuidado que se preste a la elección de las palabras y de las frases, puesto que cada individuo tiene en sí mismo no sólo una o varias acepciones personales, sino también sentidos escondidos incluso para él, o estereotipados, que se remontan a veces a la infancia e incluso más allá.

En el lenguaje corriente, el verdadero sentido de las palabras se ignora muy a menudo. Un escritor famoso ha explicado que, cuando él era pequeño, leyó en un periódico que un individuo había sido condenado por *pelotage*[2] (este hombre había efectuado tocamientos a una joven sin su consentimiento). Respondiendo a sus preguntas, su padre, incómodo, le respondió que era una cosa mala y, durante mucho tiempo, el joven imaginó todo lo que se podía hacer de malo con un ovillo de cuerda. La confusión continuó mucho más allá de la infancia. La mayoría de las personas leen entendiendo sólo un significado muy vago de las palabras esenciales, es decir, sin entender realmente lo que leen o lo que el autor ha querido decir. Cada uno hace de un mismo texto una interpretación personal. Todos los escritores conocen este fenómeno: es muy raro encontrar a alguien que haya captado exactamente el sentido de ciertas frases esenciales o incluso de todo un libro. Se dice entonces que cada uno encuentra en la obra lo que aporta él mismo, su propia visión.

Sea como fuere, la palabra tiene una influencia enorme. Basta ser un poco observador para darse cuenta de que un interlocutor puede sentirse *bloqueado* por una simple palabra o por una frase y que todo lo que se le pueda decir luego será inútil o no hará más que agravar las cosas. Esta palabra o esta frase puede tener consecuencias considerables. Pronunciada en un momento sensible, puede hacer reaccionar a alguien o condicionarlo para el resto de su existencia.

Por todas estas razones, es preferible hablar lo menos posible y sólo después de haber reflexionado. El adagio que recomienda girar siete veces la lengua en la boca antes de hablar asume en este caso todo su valor. La única solución a este problema consiste en simplificar al máximo el lenguaje y en ser lo más conciso y preciso que sea posible.

2. *N. del T.:* En francés, *pelotage* tiene el doble significado de «ovillo de cuerda» y «manoseo».

El lenguaje universal

Existe un lenguaje universal en el que todos nuestros pensamientos, todas nuestras palabras, todas nuestras imágenes mentales se traducen de forma automática. De esta forma se puede enviar perfectamente un mensaje telepático a una persona cuya lengua no se conoce.

Durante una experiencia extrasensorial, se me apareció un cilindro de pergamino de color rojo cubierto de signos dorados que yo no conocía. Flotaba en el aire verticalmente y se desenrollaba hacia arriba para enrollarse hacia abajo. Me di cuenta de que leía normalmente, pero no puedo decir de ningún modo en qué lengua estaba escrito.

El lenguaje simbólico

En relación con el lenguaje universal, existe un lenguaje de signos simbólicos. Yo no hablo aquí de símbolos imaginados por hombres basándose en analogías reales o supuestas, sino de *ideogramas** cósmicos.

Si se pide por ejemplo a médiums, a ser posible que no sean eruditos, de distintas regiones del globo y a hechiceros de regiones retiradas que representen ciertos principios abstractos o ciertos objetos, hacen exactamente el mismo dibujo.

El lenguaje simbólico es delicado de utilizar, pero el subconsciente de cualquier persona es perfectamente capaz de comprenderlo. Por lo tanto, cualquier hombre puede ser conducido, según su propia sensibilidad, a adoptar de forma permanente o pasajera formas de conductas que no domina completamente.

Fórmulas y palabras clave

Una fórmula es la expresión rigurosa y condensada de una idea o de una operación. Puede ser mental, oral o escrita. Las fórmulas se conocen desde los tiempos más remotos, como los *man-*

tras* del brahmanismo, los *encantamientos**, los *rhadrags** del Tíbet, las letanías de las liturgias cristianas y los eslóganes políticos y religiosos.

A veces, es suficiente emplear una buena fórmula una única vez en un tono determinado o repetirla a menudo para alcanzar el objetivo buscado, a veces con una precisión y una rapidez sorprendentes. Por lo tanto, tiene que elaborarse con gran cuidado y tiene que emplearse con discernimiento puesto que, tal como hemos visto anteriormente, las palabras pueden convertirse en armas de doble filo. En todos los casos, es preferible pensar sólo en el objetivo que se quiere alcanzar antes de establecer una fórmula precisa que retome los términos. ¡Cuidado! Tal como veremos más adelante, cuando hablo de objetivo se trata realmente del objetivo final, sin ningún otro detalle, y no de medios o de etapas que creemos que nos pueden conducir a él. Todas las precisiones de lugar, de medio, de vía, de plazo, sólo pueden proceder de la mente y representa muchos obstáculos para el éxito, puesto que limita las soluciones de recambio.

Una simple fórmula, una pequeña frase, puede en algunos segundos imponer una sugestión a alguien o condicionarlo por largo tiempo. Basta que se formule en el momento adecuado. Puede conseguir que haga algo que ha rechazado siempre hacer y que no hará nunca en otras circunstancias. ¡Cuidado! No se puede llevar a una persona a hacer cualquier cosa que no corresponda a sus posibilidades profundas y a su ética personal; sin embargo, un ser débil puede verse influido hasta el punto de actuar contra su propio interés. Aprovecharse de la situación expondría a graves impactos como consecuencia y cargaría negativamente el propio karma.

Todavía más condensada es la palabra clave. Lo mejor es que se encuentre lo más cerca posible del objetivo buscado; sin embargo, cualquier palabra, incluso la creada para una circunstancia, compleja o no, cumplirá su tarea si existe una convención mental previa y clara. La palabra clave es especialmente más conveniente cuando se sospecha algún bloqueo. La palabra *tranquilidad* puede ser por ello más eficaz que la fórmula *Me tranquilizo* o *Estoy tranquilo.* De la misma forma, si ha decidido que la palabra *dugui*, que no tiene ningún significado, significa *Siempre llego puntual a cualquier parte*, su subconsciente no pondrá obstáculos y se dará cuenta de que siempre es puntual suceda lo que suceda.

También podemos escoger una palabra personal y secreta que podemos decidir utilizar en circunstancias particulares o cada vez que necesitamos un poco de ayuda. El representante de comercio, por ejemplo, puede tener una palabra que le haga ser más intuitivo y más eficaz en su acción comercial. El deportista puede tener una palabra que le provoque la concentración indispensable al inicio de una competición. Sucede lo mismo, en definitiva, a todos los que sienten la necesidad de un apoyo: conducción de un vehículo, investigaciones, estudios, exámenes, etcétera.

La palabra silenciosa

Las palabras que dirigimos a los demás mentalmente son tan potentes y eficaces como las que se dicen en voz alta y que se ignoran, de manera que las personas a las que van dirigidas las palabras no pueden aportar ninguna contradicción ni ninguna resistencia consciente. Las palabras silenciosas son las que provocan la mayoría de los casos de hechizos o de autohechizos, de odio y de amor.

Cuarta clave: la concentración

Los yoguis que realizan cada día ejercicios de concentración consiguen desarrollar en proporciones destacables los poderes psíquicos que se encuentran latentes en todas las personas. Lo obtienen concentrándose de forma particular sobre el centro vital —el chakra o plexus— donde reside el poder que se está buscando.

La forma de concentración —la concentración psicocinética— de la que se habla aquí, es mucho más sencilla y no precisa ningún esfuerzo, pero cambiará de forma radical nuestra existencia.

El principio es elemental puesto que consiste en pensar únicamente en lo que se dice o en lo que se hace, sin el más mínimo esfuerzo, durante un breve instante que no tiene que sobrepasar dos o tres minutos.

Esto puede parecer increíble, sobre todo si ya se han probado las decenas de métodos que se han propuesto a lo largo de los siglos. La diferencia es que estos últimos actúan a partir de la persona y de la mente, o se esfuerzan en alcanzar la iluminación. Ahora bien, esto no es indispensable puesto que el poder necesario para actuar ya se encuentra completamente en nosotros. Basta pedirle lo que deseamos y dejarle actuar.

No podemos olvidar que no somos nosotros los que actuamos como personas sino nuestro espíritu interior superconsciente el que opera a través de nosotros. No sólo no necesita nuestra ayuda, sino que todo lo que nosotros podemos hacer personalmente sólo puede impedir las buenas influencias y las buenas intuiciones de llegar hasta nuestra mente. El superconsciente sabe ya lo que nosotros podemos desear antes incluso de que lo hayamos solicitado formalmente. Sabe también cuándo, cómo, dónde y a través de qué vías realizar lo que deseamos.

Esta breve concentración sobre una sencilla fórmula tiene como objetivo obtener la participación de la mente (del cerebro) y sobre todo impedir sus reacciones negativas. Sus divagaciones son casi siempre negativas, generadas por la duda y por la impaciencia.

No se trata aquí de luchar, de apretar los dientes, sino más sencillamente de pensar tranquilamente en lo que se quiere obtener, en lo que se espera conseguir, metódicamente, durante algunos minutos cada día.

Esta obra tiene un objetivo práctico, por lo que ahora tendrá la oportunidad de hacer, sin esperar más, la experiencia de dos operaciones principales de la acción psíquica.

La concentración psicocinética

La concentración psicocinética descansa sobre dos principios esenciales:

1. El consciente sólo puede ocuparse de una idea a la vez. Cuando centramos nuestra atención sobre una tarea sin importancia o sin ningún significado, deja de molestar a las buenas influencias del supraconsciente.
2. El supraconsciente tiene el poder de restaurar todo el psiquismo subconsciente en dos minutos. Este periodo de dos minutos no tiene ninguna explicación científica, sino que descansa sobre un ritmo cósmico comprobado por la experiencia.

A continuación, debe relajarse y decir tranquilamente, pensando simplemente en la frase que pronuncia sin preocuparse de su significado: *un albaricoque maduro, dos albaricoques maduros, tres albaricoques maduros*, y continuar hasta doce.
Acaba de realizar un ejercicio de concentración. Si consigue llegar hasta *doce albaricoques maduros* sin distraerse significa que tiene la capacidad necesaria para actuar a través del psiquismo. Puede utilizar cualquier otra fruta o cualquier otra cosa, limones verdes por ejemplo. También puede contar de 1 a 50 visualizando cada número. Es preferible acostumbrarse a mantener los ojos abiertos. De la misma forma, no es necesario colocarse en una posición o en un estado especial. Este ejercicio se puede realizar perfectamente en cualquier momento y en cualquier lugar.

La omnipotencia
está en usted

Los misterios del universo

Muchas personas tienen miedo de todo lo que está relacionado con el espíritu, el más allá y lo invisible en general. Sin embargo, vivimos dentro de todo ello. A cada momento, se producen acontecimientos que no responden a las leyes de la física pero no nos podemos dar cuenta de ello simplemente porque el universo manifestado es, a pesar de las apariencias, esencialmente mental. Y no se trata aquí de una simple hipótesis. Si el estudio científico del hombre, de nuestro planeta y del cosmos nos conduce a una concepción materialista de la existencia, nosotros somos seres mentales y vivimos en un mundo mental que puede estar dirigido, modificado y matizado mentalmente, tanto en el ámbito personal como colectivo. Dicho de otra forma, el universo es un fantasma que compartimos todos, cada uno a su manera.

En esta existencia material que vivimos, suceden cosas que forman parte de ella, pero también que se sitúan más allá de nuestro nivel de percepción o de comprensión, de manera que tomamos la costumbre de no tenerlas en cuenta, de ignorarlas o de olvidarlas. Muchos niños y algunos adultos más sensibles ven y viven esta realidad de forma cotidiana, a veces sin saber que los demás no la ven, a veces sin mencionarla por miedo a pasar por locos. Todo el mundo tiene la capacidad de ver con los ojos del espíritu (clarividencia), pero la mayoría de la gente, al no saberlo, no utiliza esta facultad, que acaba por marchitarse. Pero esto no impide que todos tengamos, de vez en cuando, intuiciones, presentimientos, premoniciones y *clichés* visuales o impresiones auditivas. Si por ejemplo, Jaime *ve* por la calle a una persona que conoce, esto le lleva a creerse que realmente esa persona está presente físicamente en ese lugar, pero puede tratarse solamente de su doble espiritual. Si el doble desaparece de repente, Jaime pensará simplemente que le ha *parecido ver* a esa persona, sin pensar más allá; pero si interrogara a esa persona, descubriría quizá que esa persona ha pensado en él en ese preciso momento, que realmente esa persona estaba realmente presente *en espíritu* cerca de él. De la misma forma, cuando una persona piensa en un amigo, lo ve automáticamente en su imaginación; algunas de estas imágenes no son más que clichés telepáticos y nos muestran a ese amigo en la situación y en el lugar donde se encuentra realmente pero, al ignorar esto, la persona no presta atención a ello, y eso es lo que sucede la mayoría de las veces: su mente deforma estas imágenes y las racionaliza. Si nos pusiéramos a verificar de forma sistemática lo que revelan estas imágenes nos sorprenderíamos al constatar lo exacto de algunas de ellas y eso se produciría cada vez con más frecuencia a medida que insistiéramos. Esto demuestra una maravillosa facultad del espíritu humano que cada uno puede desarrollar. Para ello basta plantearse una pregunta clara y situarse en estado de recepción.

Aparte de estas facultades pasivas, es posible actuar sobre las personas, y esto se debe al hecho de que la gran mayoría de personas como nosotros —más del 98 %— está indeterminada en lo que se refiere al carácter y a los objetivos, de manera que es muy fácil influir sobre ella tanto en sentido positivo como en sentido negativo. Esta influencia existe naturalmente en la vida de cada día. La moda, los movimientos de masas, la admiración por las estrellas, la facilidad con la que los hombres *que serían incapaces de hacer daño a una mosca* aceptan la guerra y otras infamias como algo natural, son sus consecuencias directas. Si se tiene en cuenta que los individuos cuya personalidad es la que está mejor estructurada pasan por periodos enteros durante los cuales no hacen nada importante o esencial, durante los cuales no están ni concentrados en una tarea particular, ni a la defensiva, podemos decir sin duda que todo el mundo es influenciable.

Por ejemplo, no será fácil empujar a un hombre íntegro, equilibrado y bueno, a cometer un acto reprensible, a drogarse o a matar, pero será muy fácil llevarle a comprarse un abrigo rojo que no necesita para nada. Paradójicamente, las personas más desestructuradas son las más reacias a la influencia.

Aunque estoy hablando aquí de seres humanos, la acción psíquica es universal, se refiere a todo lo *vivo*, en el sentido más amplio, es decir, que se refiere a todo lo que existe. Esta ley rige tanto las relaciones humanas como la interacción entre los elementos más simples de la naturaleza. Interviene en la biología, en la genética, en la fisiología, en la física y en la química. Las aplicaciones de esta ley son ilimitadas. Por ejemplo, por muy increíble que esto pueda parecer, todas las armas nucleares del planeta pueden convertirse en inoperantes en un momento si el conjunto de la humanidad abandona cualquier espíritu de hegemonía, de agresividad y de beligerancia. En la práctica, y gracias a la indeterminación de las masas, basta para que esto suceda que el pequeño grupo de gente de buena voluntad supere al de los *malos* y los inconsecuentes.

Algunas filosofías y religiones defienden esto, lo que no parece ser más que una utopía; su único error es creer que será un ser providencial, enviado por Dios, quien establecerá la paz y la edad de oro en la Tierra. Un enviado de este tipo no puede llegar si los hombres no están preparados para recibirlo. Se dice a menudo que tal pueblo está sometido a un dictador, pero cada grupo, cada pueblo tiene siempre al jefe que corresponde a su mentalidad colectiva. Si cambia la mentalidad, el dictador desaparece puesto que no tiene ningún poder por sí mismo. Esto puede parecernos imposible, pero el universo es lo que es debido a los millones de entidades que lo constituyen. De hecho, un ser vivo que participa en esta aventura colectiva no puede tener una influencia radical sobre el universo o sobre la colectividad de los hombres. En cambio, cada individuo tiene el poder de cambiar su propia existencia y también el de actuar en cierto punto sobre su mente, su cuerpo, sus asuntos y su entorno. Para ello, le basta utilizar los poderes de su propio espíritu superconsciente.

El poder creador que está en usted

El poder creador que rige el cosmos reside también en cada espíritu. Da vida sin parar a todo lo que nosotros pensamos, imaginamos y sentimos. Si esto no es evidente para nosotros es que la mayoría del tiempo nuestros pensamientos, nuestros sentimientos y nuestras emociones son, como hemos visto, incoherentes, de manera que lo que resulta de ello puede estar en el lado opuesto de lo que deseamos. Evidentemente, es difícil, por vivir en el mundo, controlar nuestros pensamientos de forma permanente. Tal como hemos visto anteriormente, todo lo que existe, todo lo que se hace, todo lo que se piensa, todo lo que se dice, tiene sobre nosotros una influencia de la que no somos conscientes, y por tanto, imparable. En realidad, además de nuestras propias incoherencias, adoptamos y propagamos sin saberlo las de los demás, que nos transmite el entendimiento colectivo. ¿Cómo mitigar estos inconvenientes y conseguir que sólo lo que deseamos, o mejor todavía, que lo que es deseable para nosotros se realice? Entregándose completamente al espíritu infinito que se encuentra en nosotros, uniéndonos conscientemente con el poder superior que reside en nuestro espíritu.

¿Génesis o epigénesis?

Estamos tan acostumbrados a ver el mundo tal como es que nos creemos que ha aparecido tal cual, sea por azar o bajo el impulso de un poder supremo. Sin embargo, el estudio de la naturaleza nos muestra que preexiste un modelo en principio en cada cosa y que su manifestación tiene lugar según un proceso y dentro de unas formas preestablecidas y rigurosas. Se trata de la epigénesis. El marco de las leyes naturales y de los elementos en los que esta creación se produce —gravitación, radiación, energía molecular, etc.— no es más que pura casualidad o simple contingencia. Se desprende de elecciones previas y se orienta hacia un objetivo último.

La creación es permanente puesto que cada criatura, desde la más simple hasta el hombre, participa en ella conscientemente o, por norma, de forma inconsciente, por el simple hecho de pensar y desear, aunque sólo sea para responder a las necesidades de la existencia y a las exigencias del medio.

Tanto en el ámbito cósmico como en este mundo físico, el propio hecho de vivir es para el hombre un acto creador. Busca de hecho la elaboración de su propio destino individual. Lo que es, todo lo que tiene, todo lo que le sucede en su vida, son los productos de sus creencias, de sus pensamientos, de sus palabras y de sus actos pasados. Incluso lo que es negativo y fuente de problemas y de sufrimientos para él. Esto no es muy evidente porque el proceso es complejo y tenue.

No se trata de una proposición: el proceso de esta creación está perfectamente definido y usted podrá experimentarlo por sí mismo y comprobar su realidad.

Cada deseo y cada interrogación orientan la acción cinética del espíritu individual que busca, y encuentra de forma inmediata la solución o la respuesta, y trabaja enseguida en su realización atrayendo las energías cósmicas y físicas y movilizando todas las individualidades que pueden tener un papel en el acontecimiento. Sin embargo, todo lo que imaginamos no está creado. La mayoría de las cosas en las que pensamos ya existen, aunque no lo sabemos. Esté donde esté, nuestro espíritu tiene el poder de conducirnos hasta ellas o de atraerlos hasta nosotros.

Por lo tanto, todo empieza para usted en su espíritu. Su existencia futura será lo que usted pensará y lo que usted verá en su espíritu a partir de ese momento. Todo esto puede influir decisivamente en su futuro más inmediato.

¡Cuidado! Sólo un 10 % como máximo de nuestros pensamientos es consciente. Usted puede haber incorporado sin saberlo informaciones erróneas, sentimientos negativos, etc. Por ello es importante controlar el trabajo de nuestro espíritu.

45

El poder del espíritu

Haga lo que haga un hombre, sólo puede hacerlo gracias al espíritu que está en él. El cuerpo, cuyo cerebro no es más que un órgano, no puede hacer nada por sí mismo, aunque esté en perfecto estado. Sólo puede obedecer a los impulsos que recibe del mundo exterior, de su mente o de su espíritu.

Todo lo que el hombre quiere cumplir u obtener, sólo puede hacerlo gracias a su espíritu interior superconsciente. El espíritu puede crear realmente cosas físicas por condensación de la materia astral. Puede actuar sobre la materia, sobre las cosas físicas, modificar la estructura molecular, por ejemplo, y también sobre el espíritu y sobre el cuerpo de las personas. Esto puede parecer imposible cuando se considera la materia bruta y las leyes ordinarias de la física, de la química y de la biología que la dirigen, pero no cuando se sabe que en última instancia la materia no es más que partículas ordenadas y mantenidas en forma por fuerzas, energías, que pueden haber aparecido como consecuencia de manipulaciones (escultura, moldeado), de reacciones químicas (gelificación, cristalización) o de elaboraciones biológicas (mitosis, fecundación). Si estas fuerzas pueden preservar una estructura e incluso hacerla evolucionar de forma coherente, es porque están vivas, son conscientes e inteligentes y, por ello, pueden comunicar directamente con un espíritu humano y estar influidos por este último, obedecerle.

Dicho de otra forma, el espíritu, es decir, su espíritu, sea usted quien sea, puede modificar la estructura de la materia y transformar de este modo su forma, su aspecto, su peso, etc. También puede producir materia física a partir de la sustancia astral. Además, entre esta última y la materia física más densa existen diferentes grados de *materialidad* que pueden aumentar o disminuir de forma espontánea o por propia voluntad.

Por ejemplo, una entidad espiritual puede absorber las emanaciones etéreas que se escapan abundantemente de la sangre y del esperma cuando se vierten para adquirir una cierta densidad. Se puede hacer visible entonces e incluso actuar en el ámbito físico. Al contrario, mediante una ascesis apropiada, un hombre puede elevar las vibraciones de su cuerpo físico hasta el punto de no sentir ya la necesidad de alimentarse físicamente obteniendo la energía universal directamente del medio ambiente. Hombres de este tipo existen, pero evidentemente no se mezclan con los mortales comunes.

Los medios perfectos del espíritu

«La acción correcta es no hacer nada», dijo Confucio. No se trata de una simple ocurrencia, sino de la expresión de la sabiduría. Como ya hemos visto anteriormente, nuestro psiquismo —y como consecuencia toda nuestra existencia, íntima, personal, familiar y profesional— funciona sobre dos niveles al mismo tiempo. Uno consciente y el otro inconsciente e infinitamente más potente. Es este último el que condiciona lo esencial de nuestra existencia. La fuente de todos nuestros problemas son los conflictos que aparecen entre el consciente y el inconsciente, o más exactamente, la importancia excesiva otorgada al juicio de lo consciente y a la reflexión basadas en los datos llamados objetivos, mientras que estos sólo son la parte aparente de la realidad, una parte ínfima.

La forma normal de vivir consiste en reflexionar y en actuar, cada vez que se desea alguna cosa. Cuando estamos de acuerdo con nuestro yo profundo y con el universo, es decir, psicológicamente sanos y no sometidos a presiones varias (familiares, sociales, etc.), nos sentimos automáticamente satisfechos de lo que nos aporta la vida.

Cuando por el contrario nos sentimos insatisfechos, sea porque los acontecimientos no se desarrollan exactamente como queremos nosotros, aunque no sean catastróficos, o sea porque nuestra situación o nuestro estado físico o mental se degrada, nos conviene dejar actuar a nuestro espíritu interior. No sólo puede encontrar la solución a todos los problemas que se nos pueden plantear, la respuesta a todas las preguntas que podemos hacernos, sino que tiene también el poder de conducirlas a su perfecta realización a través de medios o de vías inconcebibles para la mente.

Trataremos aquí el punto esencial de la acción psíquica. Se tiene que marcar bien la diferencia entre nuestra acción como personas y la acción de nuestro espíritu interior superconsciente.

Pongamos un ejemplo concreto. Si una persona desea tener algo, por ejemplo un sombrero, normalmente empieza sacando el monedero o empieza a hacer cuentas. Si tiene suficiente dinero se compra el sombrero. Si no le queda suficiente dinero se dice a sí misma que no puede comprarse el sombrero y, si es razonable, renuncia a la compra. Si realmente se lo quiere comprar, puede buscar una solución para conseguir la cantidad de dinero necesaria para realizar la compra. De esta forma actúa la mayoría de las personas.

En la misma situación, la persona que conoce las leyes trascendentales de la vida sacará también sus cuentas, pero sabe que el dinero no es más que un medio de intercambio cómodo entre los que fabrican o poseen un objeto u ofrecen algún servicio a los que lo desean. Sabe que en realidad es su propio espíritu interior la fuente de todo lo que puede tener, está convencido de que si no le hace sombra lo conseguirá. No se dice a sí mismo: *Quiero «comprar» un sombrero*, sino *Voy a «tener» un sombrero*. Si lo compra en temporada o en las rebajas, que lo reciba como regalo de un amigo, de un extraño o de una institución cualquiera, que se lo encuentre en la calle o que lo gane en un juego... todo esto no le importa nada.

No plantea exigencias en cuanto al modelo exacto ni al momento en el que quiere tener el sombrero, puesto que sabe que el superconsciente lo conoce perfectamente y sabe qué sombrero es susceptible de encajar a la vez con sus gustos y con las circunstancias, así como la fecha en la que tiene que recibirlo.

La persona que actúa de esta forma ve naturalmente cómo sus deseos se cumplen. En cambio, el que pretende a toda costa que las cosas se cumplan tal como lo ha decidido él mismo, bloquea el proceso de acción superconsciente y no obtiene nunca nada bueno, aunque tome todas las precauciones y todos los seguros necesarios. Aunque los acontecimientos parezcan ir en el sentido que él desea, la ansiedad, la duda, la impaciencia y el estrés que esto le produce provocan trastornos funcionales que pueden llegar a alterar gravemente su salud, si su actitud mental no cambia.

El superconsciente, gracias a sus facultades trascendentes, extrasensoriales, gracias al entendimiento colectivo y a la conciencia universal, puede conseguir todo a través de vías y de medios que no son concebibles para la mente humana, que no es por otra parte necesaria. Cada vez que se nos plantean problemas, esto significa que hemos perdido el contacto con el espíritu infinito superconsciente que se encuentra en nosotros. Basta entonces con restablecer el contacto, con pedir su ayuda de manera formal o implícita, para restablecer el orden en nuestro cuerpo, en nuestra mente y en todos nuestros asuntos.

La intuición

«El hombre interior no tiene lenguaje, es mudo», dijo el compositor alemán Robert Schumann. Sin embargo, si nuestro espíritu es silencioso, se comunica sin cesar con nosotros a través de la intuición (enseñanza del interior), del sueño, a través de signos o de presagios. Recibimos de esta forma a lo largo del día cantidades de informaciones, en particular las que nos afectan directamente, que son indispensables para la conducta de nuestra existencia. Basta con saberlo y estar atento para darse cuenta de ello y sacar el mayor provecho.

La intuición puede ser también una idea, un pensamiento, un deseo, un cliché visual o auditivo, fugaces o persistentes, a menudo sin relación directa con nuestras preocupaciones. También puede ser una frase escuchada o leída por casualidad (¿?). Puede incluso suceder que una persona, amiga o extraña, nos dé sin saberlo la respuesta exacta a una pregunta o la solución a un problema personal. Con la costumbre, podremos recibir a veces respuestas claras a las preguntas, a veces incluso antes de que se planteen o la solución inmediata a un problema; sin embargo, y todavía más para las personas no informadas, lo normal es que la respuesta llegue más tarde, durante otra actividad que normalmente se revela superflua. El espíritu interior puede provocar, por ejemplo, el deseo de hacer algo o de coger un objeto que se encuentra en el lugar donde se encuentra la respuesta o la cosa que se busca. Lo percibimos enseguida puesto que nos damos cuenta de que no necesitamos realmente lo que hemos venido a coger.

Más a menudo a veces, la intuición se convierte directamente en acción. Nos sentimos entonces empujados a hacer o a decir lo correcto en el momento propicio, o los acontecimientos parecen ir de forma espontánea en el sentido necesario, o también personas cercanas o desconocidas se ven empujadas a actuar de forma favorable, a veces incluso de forma contraria a cualquier expectativa. La solución interviene en el momento en el que todo parecía estar bloqueado de antemano.

El despertar de la conciencia individual

Todo lo que los *maestros* han podido hacer, usted también puede hacerlo. Esto puede parecerle algo excesivo, pero es en realidad la verdad. Las facultades que les permiten realizar actos excepcionales existen también en usted. Para ello basta pedirlo al superconsciente y dejarle actuar a su manera.

También es posible elevar nuestra conciencia del nivel mental al nivel de supraconsciente y actuar directamente a partir de este nivel. Evidentemente, no existe ninguna necesidad ni ningún mérito particular en establecer marcas, en realizar hazañas o en poseer bienes de forma abundante, sólo para asombrar al común de los mortales y halagar nuestra vanidad. La idea de que actuar de esta forma hace avanzar nuestra individualidad o la humanidad está basada en la ignorancia de los hombres de que sus propias capacidades son ilimitadas.

Desde la teosofía original, todas las religiones predican el alejamiento del mundo material como única vía que permite acceder al bienestar duradero y perfecto. De hecho, el apego a los bienes materiales es tal que la mayoría de los hombres no están preparados para explotar su mayor potencial. Las religiones nos dicen que es suficiente ser justo y bueno sobre esta Tierra para acceder de forma automática a un estado superior después de la muerte.

Sin embargo, existen otras muchas vías para llegar a la más alta realización del ser trascendente que cada uno es en esencia. Se clasifican en dos categorías: directa e indirecta.

La primera permite el despertar de la conciencia en muy poco tiempo, pero como ya he dicho anteriormente esto implica un alejamiento del mundo físico que la mayoría de nosotros no estamos preparados para aceptar. Por lo tanto, esta vía sólo puede afectar a aquellos que han trabajado en ello durante numerosas reencarnaciones, puesto que no es posible continuar viviendo luego como antes y no se puede de ninguna manera volver hacia atrás.

La segunda vía es la que se tiene que escoger siempre cuando se tiene la más mínima duda. Permite aprovecharse de forma más plena de la vida terrestre, puesto que podemos utilizar siempre nuestras capacidades superiores para conseguir todos los objetivos que pueden sernos beneficiosos mientras lo son también para los demás.

Las facultades trascendentes del espíritu

El plano físico es una emanación del plano espiritual. Las leyes y las facultades de este último trascienden a las del primero que pueden incluso aumentar, frenar o hasta anular. Nuestro espíritu individual supraconsciente puede realizar en el ámbito físico acciones más allá de las leyes de la física, de la química, de la biología, de la fisiología, etc. Sin embargo, no se trata de una entidad exterior al hombre sino una parte de él con la que se puede comulgar o comunicar, conscientemente o no, doblegándose sobre sí mismo. Este contacto directo sólo puede durar un instante muy corto para el hombre ordinario. Hemos visto anteriormente los estados de conciencia ordinarios y veremos a continuación algunos estados también naturales pero que demuestran que usted es en realidad mucho más de lo que cree. Veamos cuáles son esos estados de conciencia:

- la conciencia exacerbada de nuestro cuerpo y del medio;
- la conciencia total de nuestro cuerpo, del medio y de nuestra existencia. En este estado somos completamente conscientes de nuestras sensaciones, internas y externas, al mismo tiempo;
- el estado de no-conciencia del propio cuerpo o desdoblamiento. En ese estado ya no tenemos la sensación de nuestro cuerpo físico y podemos aprender otras realidades lejanas en el espacio pero sin perder nuestra personalidad;
- el estado de no-conciencia de nuestro ser o despersonalización. En ese estado se produce una identificación con otras realidades (objeto, planta, animal o humano) y un conocimiento directo de estas otras realidades;
- el estado de supraconsciente. En ese estado, nos convertimos cada vez más (hasta serlo totalmente) en conscientes de nuestra existencia, de nuestras sensaciones, de nuestros pensamientos y de nuestra actividad y todo ello mientras estamos despiertos;
- el despertar a la conciencia universal. Este estado sólo puede mantenerse a través de un ser encarnado por poco tiempo. Le proporciona acceso al conocimiento total del universo creado y por crear, pasado, presente y futuro;
- la reintegración al estado universal. Se produce entonces la pérdida de toda personalidad y de la individualidad. En este estado no existe la reencarnación.

Todos estos estados de conciencia son, lo repito de nuevo, perfectamente naturales y accesibles para todos, voluntariamente, a través del control de uno mismo o a través de una ascesis, o involuntariamente mediante la práctica de ciertos ejercicios o de la hipnosis. El uso de drogas está formalmente proscrito.

El espíritu supraconsciente

El supraconsciente es el nivel superior del ser, trasciende la conciencia. Se llama también *superconsciente, superconciencia, transconciencia, el Padre, el cósmico, el espíritu infinito...*

La mejor forma de concebir el espíritu infinito es imaginarlo como una verdadera entidad invisible que se encuentra en el interior de nuestro cuerpo. Sin embargo, va mucho más allá de nuestra única persona puesto que es, en calidad de espíritu, ilimitado. Sólo podemos contactar con él girándonos hacia nosotros mismos, doblegando nuestra conciencia sobre sí misma.

El supraconsciente es inteligencia infinita y energía inagotable, poder sin límites. Es conocimiento perfecto puesto que dispone directamente y de forma inmediata, además de la memoria ordinaria, de la memoria *subliminal** y también de la memoria cósmica también llamada *archivos akásicos* (espacio astral donde se inscriben para siempre todas las palabras, acciones, pensamientos del hombre, todos los seres y acontecimientos del mundo). Cuando nos unimos, a través del pensamiento, al espíritu infinito que está en nosotros, nos inspira, nos guía y nos protege. Basta para ello relajar nuestro cuerpo y calmar nuestra mente para que estas facultades aparezcan y actúen a través de nosotros, en nuestro cuerpo, en nuestro espíritu y en todos nuestros asuntos.

Aunque nuestro espíritu supraconsciente forme parte integrante de nuestro ser, es superior a nuestra persona física. Tal como hemos visto, su funcionamiento no se encuentra trastornado por todo lo que en la vida de cada día puede inhibir o perturbar el funcionamiento de la mente. Dicho de otro modo, nuestro espíritu interior superconsciente conoce siempre la respuesta a todas las preguntas que podemos plantearnos o la solución perfecta de cualquier problema.

No se debe pedir nunca nada directamente a una persona física. La personalidad mortal no puede aportar nada verdaderamente bueno. Cuando se pide algo, sea a uno mismo o a cualquier otra persona, tenemos que dirigirnos directamente al espíritu infinito que se encuentra en el interior de la personalidad y no a ella directamente. Esto puede hacerse silenciosamente. Sólo se puede contar realmente con el superconsciente.

El arte de la creación

La unidad del ser

Cualquier realización se tiene que efectuar primero en el ámbito espiritual, a través del pensamiento. No se trata en este caso de un principio insignificante. Nos encontramos en un océano cósmico en el que somos solidarios con todo lo que existe, sea visible o invisible, y en particular con los otros seres humanos. Todo lo que un hombre piensa, dice o hace debe tener en cuenta este principio de solidaridad. Todos sus pensamientos, todas sus palabras, todas sus acciones tienen consecuencias, positivas o negativas, sobre él mismo y sobre el conjunto de la humanidad. Estas consecuencias las matiza el estado del espíritu de cada individuo, debido a su estado de resonancia.

Por esta razón, el que emite un pensamiento cualquiera, sea positivo o negativo, es el primero que se beneficia de él o el primero que lo sufre. No se trata de moral, de lo que está bien o de lo que está mal, sino de la única aplicación de la ley universal de causa-efecto.

Ningún pensamiento procedente de la mente, es decir, del cerebro, es bueno tenga la apariencia que tenga. Cualquier pensamiento, cualquier palabra, cualquier acción tiene que venir del espíritu interior o pasar por él para estar conforme a las leyes cósmicas. Ningún ser humano es capaz de una acción justa desde el punto de vista cósmico. No sólo la mente es incapaz de tener en cuenta la infinidad de parámetros que entran en juego en cada circunstancia, sino que también la propia condición del hombre que vive en esta Tierra implica consideraciones, leyes humanas, condicionamientos que se encuentran en el lado opuesto de las leyes cósmicas.

Los hombres no sólo forman una fraternidad tal como se dice a menudo, sino una unidad, una entidad colectiva. Sobre esta Tierra, se puede considerar como algo bueno defenderse contra un enemigo, a veces incluso atacarlo, pero en el ámbito cósmico, el que ataca a otra persona es también y primero su propio enemigo. Si perdemos la agresividad, tanto hacia nosotros mismos como hacia los demás, el enemigo desaparece. Esto también es válido con los animales, incluso con los más feroces.

Se tiene que abandonar el nivel de las limitaciones, el del tiempo y el del espacio, desviar la atención del mundo de las circunstancias y de las apariencias, abandonar el juicio de la mente y de los sentidos antes de decir o de hacer lo que sea. Basta dirigirse hacia el principio trascendente de la vida, replegando la conciencia sobre sí misma, entrando dentro de uno mismo, para conseguir que su acción influya en nuestra vida. Tranquilamente, con mucha calma.

La ilusión del complejo espacio-tiempo

El tiempo y el espacio no existen en el absoluto tal como nosotros los percibimos en el ámbito físico. Están unidos en un mismo estado de conciencia. En el ámbito espiritual, el pasado y el futuro coexisten, aunque no están totalmente estereotipados; es sólo la conciencia la que se desplaza. Esta noción puede parecer increíble, aunque el sueño y el trance hipnótico muestran bien la relatividad del tiempo y del espacio. Experiencias científicamente controladas han demostrado que en diez minutos de sueño una persona podría tener la sensación de haber pasado una temporada o haber realizado viajes de entre varios días a varios años en regiones muy lejanas y tener de ello un recuerdo preciso y muy detallado.

En la vida de todos los días se ha comprobado que el estado psicológico influye en la percepción del tiempo. Se puede tener el sentimiento claro de que se desarrolla más o menos rápido. Se trata sólo de una impresión puesto que una misma persona puede hacer más o menos cosas en un mismo periodo de tiempo.

Nuestra conciencia puede moverse perfectamente tanto en el tiempo como en el espacio. Con un poco de entrenamiento podemos transportarnos en espíritu a lugares o épocas muy lejanas.

Los espíritus de la naturaleza

¿Quién no se ha sentido asustado o, al contrario, maravillado por estos seres sorprendentes de los que hablan los cuentos? Ondinas, elfos, gnomos, brujas, duendes y otros espíritus. Incluso en lo que se refiere al aspecto puramente material, el hombre ordinario no ve la naturaleza tal como es realmente. Para él, un manzano da manzanas o una higuera da higos, y eso es todo. No se da cuenta de que no habría ningún fruto si no existiera una infinidad de pequeños seres vivos como los insectos —no sólo las abejas— y otros animales, como los murciélagos, que trabajan sin cesar para fertilizar las flores o dispersando los huesos de los frutos que de otro modo se pudrirían al pie de los árboles.

De la misma forma, existen fuerzas elementales de vida, entidades invisibles, que trabajan sin cesar para o contra el hombre, aunque sea siempre él el que las dirige dentro de su propia existencia. Y todavía más, cada individuo crea sus propias formas invisibles, exactamente de la misma forma que produce durante el día glóbulos blancos o rojos, espermatozoides u óvulos, hormonas y otras sustancias vitales. Sencillamente porque se encuentra en su naturaleza. Es así para todo el mundo, incluso para los más incultos o los más *primitivos* de todos.

También es posible crear de forma voluntaria entidades de materia espiritual, también llamadas *formas-pensamiento* o *ideas-forma*, para la realización de varias tareas muy precisas. Por ejemplo, en una época en la que se venden millones de sistemas de alarma o en la que se utilizan millones de guardias de seguridad, sería mucho más sencillo utilizar ondas-forma, de una eficacia total, para proteger tanto a una propiedad como a una persona. ¡Pero cuidado!, porque estas entidades espirituales, si se han creado al principio con un objetivo o se han reforzado mediante varios métodos, pueden alcanzar un cierto grado de autonomía e incluso una independencia total. Estas entidades pueden, además, absorber de forma espontánea la sustancia corpuscular que se evapora de la sangre y del esperma, que se derraman de forma abundante cada día en los mataderos, en los prostíbulos, en los campos de batalla y en los lugares donde se producen accidentes. En este último caso, las consecuencias de las ondas-forma son a menudo muy espectaculares. Sucede a menudo que, después de un accidente durante el cual ha habido uno o más muertos o heridos que han perdido mucha sangre, uno de los supervivientes pierde la razón sin que se pueda encontrar ningún traumatismo físico que pueda explicar sus trastornos. En la mayoría de los casos, este tipo de *enfermo* pasa por periodos en los que su comportamiento es perfectamente normal y por otros en los que se muestra insensato, incluso demencial. La razón de estos trastornos sin causa física es a menudo la incorporación de uno de los numerosos espíritus elementales que se precipitan sobre los vapores que emana la sangre. Es posible que haya incorporado uno o más de estos elementos y que se haya convertido en un *lugar* de conflicto entre ellos.

Sin embargo, una persona puede perfectamente estar atormentada por una de sus propias creaciones que absorben toda su energía. Se constatan entonces aberraciones tales como un cansancio inexplicable, un comportamiento ciclotímico y dolores en la nuca.

Algunas personas que creen en toda una serie de seres fantásticos o demoníacos pueden estar atormentadas también por entidades inferiores. Por lo tanto, es mejor no dar vida a seres agresivos o negativos que podrían volverse contra nosotros y empujarnos a realizar actos delictivos o contra nuestros propios intereses.

Cada año, algunas personas, tanto adultos como niños, matan o atacan a sus semejantes o a desconocidos sin ninguna razón. Ellas mismas desconocen las causas de por qué han actuado de esta forma y su entorno tampoco lo entiende. Estas entidades inferiores pueden presentarse también como seres divinos y dar otra imagen, de tal modo que la persona atormentada no desconfía de ellas y pueden abusar hasta el punto de que la integridad y la vida de la persona se vean amenazadas.

Segunda parte

¿CÓMO DIRIGIR
SU PROPIA VIDA?

La fatalidad no existe

Usted es el capitán de su vida

El universo al completo está dirigido siguiendo leyes rigurosas; es el propio hombre quien, en todos los casos, de forma voluntaria o involuntaria, determina los objetivos y los caminos que le afectan personalmente.

Si usted mismo no escoge sus propios objetivos, aquello en lo que usted piensa más a menudo, aquello a lo que concede su atención habitualmente, de forma consciente o no, aquello que usted ve a su alrededor o que usted imagina, es lo que mandará por usted y es lo que se manifestará en su vida. En este caso, son de hecho los demás, la sociedad, los que determinan su existencia.

Nuestros pensamientos son, en su mayoría, inconscientes, de manera que usted puede estar persuadido sinceramente de que es positivo, de que aquello en lo que usted piensa es bueno para usted, cuando en realidad es totalmente al contrario. Es lo que nos sucede a la mayoría de nosotros. Por lo tanto, no es sorprendente que tantas personas se quejen sin parar sobre su existencia. Incluso lo que creen que querían, a menudo no es más que el producto de una influencia exterior o de falsas creencias.

La única forma de conocer las consecuencias, en lo que le concierne personalmente, es examinar su propia existencia. Lo que es, lo que hace, lo que tiene, es el fruto de sus propios pensamientos, creencias y principios que aprueba mentalmente, de forma consciente o no. Sin embargo, un análisis exhaustivo o un examen de conciencia pueden ser delicados. Es difícil conocer las ventajas y los inconvenientes así como los orígenes reales de una situación o de un estado. Además, no es suficiente con que una cosa tenga la fama de ser buena para que sea beneficiosa para usted. También es necesario que sea conveniente para usted.

Cuántas veces escuchamos que se dice de alguien: *Tiene todo lo necesario para ser feliz*. Esto no impide que pueda estar descontento de su destino. El director general de una empresa próspera abandona todo para irse a vivir a la Amazonia. El profesor de universidad decide irse a criar corderos en un rincón perdido. Una mujer que tiene *todo lo que puede desear* abandona a su marido rico y guapo para vivir con el jardinero de su propiedad. Entre los que no se atreven a cambiar de existencia (la mayoría), muchos no están totalmente satisfechos —algunos pueden incluso encontrarse en situaciones dramáticas—, pero una parte de ellos prefiere, a pesar de ello, mantenerse en su elección inicial, en el camino que ha escogido, mientras que otros se resignan a ello, convencidos de que son incapaces de cambiar las cosas.

Sus creencias le pueden traicionar

Ya hemos visto que existe en el ser humano un poder todopoderoso, que tiene tendencia a actuar en él y a través de él de forma positiva, curativa, constructiva y creativa. Por lo tanto, todo debería ir bien para todos, aunque no es así para la gran mayoría de las personas. La causa de este estado de cosas es el libre arbitrio del que disfruta cada hombre y sobre todo el hecho de que los seres humanos se fían ciegamente de los testimonios de sus sentidos físicos y de su juicio intelectual. Pero, por muy inteligentes e instruidos que seamos, sólo conocemos la superficie de las cosas, sólo vemos lo que es aparente. Nuestros sentidos sólo pueden percibir una ínfima parte de lo que existe. Además, nuestro psiquismo ordinario sólo trata realmente lo que nos interesa personalmente, lo que nos afecta o lo que tiene un significado para nosotros, cuando no es sólo simplemente lo que los demás —que raramente tienen buenas intenciones— quieren hacernos ver, creer o hacer.

Existe una confusión que puede llegar a ser traumática acerca de la palabra *creer*. No se refiere sólo a nociones llamadas irracionales, como la existencia de Dios, por ejemplo. Todo aquello en lo que pensamos normalmente, todo aquello a lo que prestamos atención, a lo que nosotros nos adherimos a escala mental, emocional y sentimental —consciente o inconscientemente— constituye nuestras creencias en la práctica.

Por lo tanto, hablar —o escuchar a las personas que hablan— de guerra, de enfermedad, de penurias, de mala suerte, etc., es creer en la guerra, en la enfermedad, en las penurias, en la mala suerte... Ahora bien, son nuestras creencias las que condicionan todas nuestras acciones y todos nuestros asuntos. Esto es cierto en todos nuestros actos por pequeños que sean. Nos mantenemos en pie porque nos creemos capaces de ello. Millones de personas se encuentran inmóviles en su cama por miedo a la enfermedad. No sólo cuenta el hecho de intentar actuar y no conseguirlo, sino también el hecho más irrisorio de no intentarlo.

El doctor Alain Bombard ha demostrado con su travesía del Atlántico en una balsa que la mayoría de los náufragos morían de miedo y no de hambre. Hace algunos años, en el Reino Unido, un hombre fue encerrado por error en un vagón frigorífico. Fue encontrado muerto cuatro días más tarde. Se tomó la molestia de describir en las paredes del vagón su lenta agonía y su cuerpo presentaba además todos los signos de una muerte debida al frío. Sin embargo, el sistema frigorífico no funcionaba y el mes de septiembre durante el que se desarrolló este drama era bastante suave. Por lo tanto, no pudo morir de frío.

¿Cómo saber si sus creencias son correctas y buenas para usted, si se corresponden realmente con sus objetivos? Es perfectamente inútil intentar analizarlas, sobre todo porque la mayoría de ellas son completamente inconscientes. Usted puede pensar de forma consciente en algo y creer en su más profundo ser en lo contrario. En todos los casos se trata de creencias subconscientes que predominan en su vida. La única forma de juzgar la adecuación de sus creencias con sus intereses y sus deseos consiste en considerar su existencia. Si está usted plenamente satisfecho, si usted piensa que aunque pudiera, no haría nada por cambiar las cosas, entonces es que todo va por buen camino. Esto no quiere decir por fuerza ni que todo es perfecto o ideal, ni que esto sería satisfactorio para otro o incluso que esto sería satisfactorio para usted en un futuro, sino que en la actualidad esto le conviene. El caso contrario no significa que todas sus convicciones sean erróneas, pero usted puede haber integrado, sin saberlo, nociones falsas, engañosas, quizá falaces, equivocadas o sencillamente negativas.

De esta forma, todos tenemos en nosotros mismos cantidades de *conocimientos* referentes a la vida, a las personas, a la historia, etc., basadas en apariencias o un estudio aproximativo o incompleto, que pueden por ello estar alejadas de la verdad, todavía más si se trata de hechos o de nociones que no presentan interés para nosotros o que la vida no nos da la oportunidad de comprobar.

El subconsciente memoriza sin ningún tipo de discriminación todas las informaciones que le llegan. Se trata inevitablemente de lo que sucede en los primeros años de la vida: el bebé o el niño que somos entonces no tiene ninguna referencia para juzgar su legitimidad. Pero esto sucede también en el adulto, aprovechando una disminución de la vigilancia, periodos en los que estamos más receptivos. Es lo que sucede cuando estamos enfermos, cansados, pero también más perniciosamente, cuando nos sentimos cómodos con la gente, en confianza. De esta forma podemos quedar condicionados, positiva o negativamente, para toda la vida, después de leer una simple frase en una novela. De esta forma vemos a personas, incluso entre los que ejercen una influencia innegable, referirse en algunas circunstancias al comportamiento de los grandes hombres del pasado, también a personajes de novela como el conde de Montecristo, incluso a Pinocho o al ratón Mickey. Además, muchas personas, por razones mercantiles, políticas, religiosas, etc., utilizan de forma deliberada técnicas de influencia o de condicionamiento para llevarnos a actuar según sus intereses, más raramente hacia los que ellos creen que son los nuestros.

La sociedad al completo, a través de nuestro entorno, a través de los medios de comunicación y a través del entendimiento colectivo, nos inunda durante todo el día con falsas creencias que integramos sin darnos cuenta a causa de su repetición constante. La inteligencia o la reflexión intelectual no tienen por otro lado ninguna influencia sobre este fenómeno. Sólo su espíritu profundo, supraconsciente, puede tener en cuenta las cosas y poner orden en su mente y en todos sus asuntos.

¿Se siente usted insatisfecho sobre algún punto y más en particular sobre lo que usted considera como esencial para usted?

Usted es el único juez por lo que se refiere a su existencia, de la misma forma que usted no puede en ningún caso juzgar sobre lo que le conviene o no a otra persona, incluso sobre los que se sentirían inclinados a pedirle su opinión.

Lo que es necesario saber para poder poner en marcha una acción que tiene como objetivo actuar sobre su existencia y, eventualmente, pero con las más prudentes reservas, sobre la de los demás, es que, en principio, todo lo que un hombre o una mujer ha podido hacer o tener, también usted podría hacerlo o adquirirlo. Sin embargo, no podemos olvidar jamás que sólo lo que realmente le conviene puede considerarse como deseable y bueno para usted.

Sea como sea y sea usted quien sea, usted puede realizar cosas que en la vida de cada día podrían considerarse como proezas o prodigios si deja que su espíritu interior actúe por usted y a través de usted. El consciente puede tomar las decisiones, pero es el espíritu interior supraconsciente el que tiene que dirigir solo la realización. Es necesario que entre ellos el acuerdo sea total. Si el consciente, renunciando, deja las riendas al subconsciente —en el astral inferior—, será él quien dicte las leyes. Cuando las cosas van mal o no se arreglan, es porque hay conflicto entre sus creencias conscientes e inconscientes y, en ese caso, es siempre el inconsciente el que sale ganando. Es absolutamente necesario actuar para cambiar las cosas.

Maleficio o automaleficio

Algunas personas que sienten la necesidad de consultar a un vidente porque tienen problemas que no consiguen resolver a pesar de todos los esfuerzos realizados, reciben como respuesta que están bajo los efectos de un maleficio. Incluso entre las personas que no creen en lo *oculto*, muchas acaban pensando en esa posibilidad por sí solas cuando se dan cuenta de que las cosas se podrían haber arreglado. Es verdad que, en muchas situaciones penosas, se tiene la impresión que bastarían pocas cosas: un poco de buena voluntad de los unos o de los otros o un pequeño golpe de suerte o un acaso favorable.

Para algunos de entre los que piensan esto, se trata sólo de una buena excusa para apiadarse de ellos mismos y desprenderse de toda responsabilidad en sus problemas; sin embargo, otros se someten a ritos duros y costosos para deshacer el maleficio que a menudo son ineficaces. La razón de esta ineficacia es que el maleficio procede del propio individuo o porque se ha visto afectado por las influencias negativas esparcidas por el astral inferior. Aunque existen personas que practican rituales maléficos, sólo pueden conseguir su objetivo si su víctima es receptiva al maleficio, si vibra sobre la misma longitud de onda. La mayoría de las veces les basta notificar a los que quieren perjudicar, de una forma o de otra, que son víctimas de un maleficio para conseguir que hagan el *trabajo* por sí solos. Evidentemente, el contexto es importante. Algunos hechiceros consiguen transformar realmente a algunos en zombis, en muertos vivientes, actuando de esta forma.

El maleficio también puede ser espontáneo. Hace ya algunos años, la mujer de un embajador de los Estados Unidos, recién nombrado en Brasil, quería asistir a cualquier precio a las ceremonias del Macumba y lo consiguió mediante intrigas. Durante una ceremonia del culto candomblé, en un barrio de Río de Janeiro, se puso a gatas y ladró como un perro. El problema es que no consiguió reencontrar su estado normal hasta unos años después, cuando fue repatriada con urgencia y curada en las clínicas psiquiátricas más famosas de los Estados Unidos.

Los efectos de las palabras negativas

«La muerte y la vida están en poder de la lengua», dice la Biblia (Proverbios, 18-21). Cada sonido, cada palabra, cada frase tiene una potencia vibratoria considerable. Nunca prestamos la suficiente atención a lo que decimos, puesto que todas las palabras tienen consecuencias, sobre todo las que son negativas, las que critican, las que desaprueban, las que rebajan, las que condenan y las que maldicen.

Numerosas experiencias realizadas sobre las plantas han demostrado de forma clara que las plantas a las que se dirigían palabras amables, palabras de amor y cumplidos se abrían claramente mejor, se desarrollaban más rápidamente que las plantas criadas en las condiciones ordinarias e impersonales de la agricultura. Al contrario, las que eran tratadas sin cariño, las que eran criticadas, insultadas, maldecidas, etc., sólo vegetaban e incluso llegaban a secarse y a morirse.

Seguramente usted ha sufrido personalmente, como otros, estas agresiones verbales muy precisas y detalladas por parte de otros (padres, profesores, etc.). De forma más corriente recibimos de parte de toda la sociedad, a menudo a través de los medios de comunicación, una cantidad sorprendente de simples sugestiones negativas que son la expresión de la ignorancia, de los prejuicios, de la superstición, del miedo y de la agresividad. Puede ser útil desembarazarse previamente de la carga emocional unida a las palabras o a una situación en relación con las palabras.

Los estragos del resentimiento

Cuando se pregunta a la gente si siente resentimiento, la mayoría responde de forma automática que no siente resentimiento contra las personas que le han perjudicado y que no tiene la intención de vengarse por ello.

El resentimiento no es el rencor o el odio, sino el simple hecho de revivir y de repetir los acontecimientos negativos que se han sufrido. Los enfrentamientos, las ofensas, las injusticias de las que se ha sido víctima sólo son una pequeña parte. Todos los sentimientos negativos como la simple decepción, la insatisfacción, la envidia, etc., pueden provocar resentimiento. Incluso las personas que disponen de las mayores ventajas pueden estar descontentas con su fortuna. Al director de empresa próspero le hubiera gustado ser cantante; a la estrella de la pequeña pantalla, escritora. No sólo los que tienen mal carácter sienten resentimiento hacia alguien. Las personas que tienen fama de ser amables o buenas son particularmente sensibles a las injusticias de la vida. Todavía más las que presumen de lo que hacen por los demás.

Es sorprendente descubrir que precisamente entre estas personas se encuentran los delatores, los calumniadores y también los autores de cartas anónimas.

El hecho de recordar los momentos difíciles de la existencia tiene como consecuencia la aparición del estrés, es decir, de los trastornos psicológicos, fisiológicos y metabólicos. Son los mismos que el acontecimiento había provocado durante su aparición, con clara tendencia a amplificarse.

Dicho de otra forma: cuanto más se piensa en ello, más aumenta la carga emocional negativa relacionada con el acontecimiento, así como sus consecuencias. Un estudio realizado por los especialistas de la universidad de Stanford en California, en colaboración con los miembros del Instituto nacional americano del corazón, de la sangre y de los pulmones de Bethesda, en Virginia, ha revelado que la cólera disminuía un 5 % la capacidad funcional del corazón, pero que la disminución consecutiva al simple recuerdo del acontecimiento que ha provocado esta cólera podía llegar hasta el 7 %. Es decir, que está científicamente demostrado que el hecho de sentir de nuevo la cólera puede tener efectos más importantes que la propia cólera. Sucede lo mismo con todas las emociones y con todos los sentimientos negativos y particularmente por lo que se refiere a los menos espectaculares pero más tenaces. Todos arrastramos con nosotros el recuerdo de pequeños y grandes acontecimientos que van penetrando de esta forma desde dentro.

El dominio de los sentimientos

El ser humano se presenta siempre como el animal más inteligente de la creación. Sin embargo, se tiene que reconocer que el funcionamiento de su inteligencia puede disminuirse considerablemente por la actividad perturbadora de sus emociones y de sus sentimientos —tanto si son positivos como negativos—, así como a través de las maniobras de todos aquellos que, por diversas razones, intentan influirla e incluso perjudicarla.

Por muy inteligente que usted sea, ¿es capaz de prever las incertidumbres de la vida, los caprichos del tiempo o las convulsiones de la historia? ¿Es capaz de conocer los sentimientos y las intenciones reales de las personas que le rodean? ¿Es capaz de adivinar lo que se esconde detrás de las apariencias? ¿Es usted capaz de reflexionar y de actuar serenamente cuando se encuentra bajo la influencia de la simpatía, del amor, de la alegría, del miedo o del dolor físico o moral? ¿Está usted seguro de poder evitar un mal asunto si se lo presentan con argumentos atractivos y a través de una persona simpática? ¿No tiende normalmente a ser más confiado y más tolerante con las personas que ama y, al contrario, más desconfiado e intolerante con los demás?

Si usted desea tomar las riendas de su existencia, tiene que empezar por controlar sus emociones y sus sentimientos. Lo ideal es no dejarse perturbar más por las manifestaciones de simpatía o de amor que por las de antipatía o agresividad.

El control del pensamiento

Contrariamente a lo que se cree, cuando nos conformamos con tener en consideración sólo las apariencias, el azar no existe. Todo lo que sucede en la existencia de un individuo tiene una causa y esta causa tiene siempre sus raíces en el propio individuo. Evidentemente, es difícil darse cuenta de ello por tres razones esenciales:

1. La casi totalidad de procesos que participan en el más mínimo acontecimiento son inconscientes. Lo poco de lo que

podemos ser conscientes está la mayoría de las veces deformado.

2. Los acontecimientos que resultan de nuestros propios pensamientos son la mayoría de las veces diferidos, de tal forma que en el momento en el que se producen ya hemos olvidado que habíamos pensado en ello.

3. Los acontecimientos adoptan raras veces el curso que nosotros habíamos pensado para ellos.

Nuestros pensamientos y nuestras actitudes mentales son realmente las que dirigen la energía creadora que actúa en nosotros y a través de nosotros, de manera que sólo los nuevos pensamientos pueden cambiar nuestras condiciones de vida. Sin embargo, no es posible escaparse de las situaciones negativas solamente mediante el razonamiento. Es necesario suprimir los prototipos de pensamiento negativo, con la mayor perseverancia, y sustituirlos por sus contrarios.

Es necesario escoger con cuidado los pensamientos y las palabras positivas, constructivas, armoniosas y apacibles y, sobre todo, de acuerdo con lo que realmente se desea.

El aislamiento

Con la lectura de periódicos o libros, escuchando nuestro entorno, etc., absorbemos sin ser conscientes de ello informaciones equivocadas que funcionan como verdaderos *virus* mentales. Las perturbaciones que provocan en nuestro psiquismo pueden llevarnos a la agitación mental, a trastornos emocionales, después funcionales y finalmente psicológicos. Es indispensable *transformar* y *digerir* todo lo que recibimos del exterior y poder de esta forma eliminar todo lo que es falso y erróneo y quedarnos sólo con lo que es verdadero, positivo y constructivo.

La purificación de la mente sólo puede efectuarse cuando está aislada, con los lazos con el exterior cortados. Sólo se precisan algunos minutos para ello. Se podría pensar que las horas de sueño son suficientes, pero se trata de un periodo mucho más activo de lo que se cree habitualmente. Si no se procede al aislamiento antes de dormirse, los problemas, las contrariedades y las preocupaciones continúan ocupando la mente y se mezclan con los sueños. La confusión aumenta. Esto también es válido para los que no se acuerdan de sus sueños.

En reeducación motriz, pulmonar o gráfica, se sabe que el hecho de trabajar de forma metódica durante unos veinte minutos al día es suficiente para restablecer al cabo de un cierto lapso de tiempo una motricidad, una respiración o una escritura cada vez más normales. En el campo de la óptica, basta con introducir una pequeña cantidad de rayos ordenados en un haz luminoso para que este se ordene y se convierta en un potente rayo láser. En el campo de la física, si se satura de energía magnética una pequeña parte de un bloque de hierro, el conjunto se vuelve magnético.

Se trata en ese caso de una ley universal esencial para la conducta de la vida: lo positivo trasciende en lo negativo.

Sucede lo mismo en el campo del psiquismo. En efecto, basta aislarse del mundo exterior algunos minutos, y entrar entonces en contacto con nuestro espíritu interior, nuestro superconsciente, para volver a poner orden en las zonas inconscientes del cerebro. El aislamiento consiste en colocar de nuevo nuestros contadores a cero y *reiniciar* —tal como se dice en informática— nuestro cuerpo y nuestra mente librándolos de los elementos perturbadores. Esto sucede cada vez que la actividad del sistema nervioso central y periférico se entumece. Para ello es suficiente con inmovilizar el cuerpo durante algunos minutos, es necesario no moverse. Diversas técnicas llevan a ello: la relajación, la concentración, la meditación, la plegaria...

La fuerza del silencio

La palabra es una fuerza, pero se trata de una fuerza que procede de uno mismo, una energía que perdemos. Por ello es tan importante decir sólo lo estrictamente necesario.

La energía generada por la palabra se pone en evidencia por la necesidad irreprimible de confiarse o de explicar los acontecimientos de los que somos testigos o que vivimos. Esta energía es tan potente que puede llegar a provocar trastornos emocionales graves.

Aunque se aconseja a las personas débiles que se confíen para eliminar las cargas emocionales negativas o positivas que los trastornan, los que quieren aumentar su potencia tienen que, por el contrario, mantenerlas en silencio para transformar esas fuerzas brutas en formas benéficas de energía —vital, muscular, nerviosa, psíquica, magnética, etc.—, que se pueden almacenar y concentrar para convertirse en un instrumento de poder, sobre sí mismos y sobre los demás: una verdadera varita mágica.

No se tiene que hablar nunca de los propios problemas, de lo que se hace o de lo que se desea. Las únicas excepciones a esta regla tienen que referirse sólo a los especialistas a los que se tiene que recurrir de forma obligatoria: médicos, abogados, etc. Incluso en ese caso también se tiene que ser lo más concreto y conciso posible. Es inútil extenderse, quejarse o apiadarse de uno mismo. No se tiene que intentar convencer a nadie o intentar *arreglar* las cosas mediante las palabras o las discusiones. Esto no ha sido nunca útil. Es necesario dejar que el supraconsciente lo haga a su manera. Existe en usted, como en todos, una sabiduría infinita. «Dejad que las cosas sucedan», como decía Jung.

El autodominio

La tranquilidad no consiste sólo en un comportamiento moderado. Por otro lado, muchas personas que creemos que son tranquilas son hipernerviosas. Para ellas todo sucede en el interior; son sus células, sus órganos y sus pensamientos los que están agitados.

La tranquilidad tiene una influencia inmediata, no sólo sobre los aparatos y los órganos de nuestro cuerpo, sino también sobre la propia estructura de todo el sistema nervioso central periférico y, sobre todo, vegetativo, y como consecuencia sobre el control de todo el organismo y de los intercambios extrasensoriales con el medio ambiente y los demás.

El descanso neuromuscular provocado por la relajación o la meditación es infinitamente más profundo que el sueño. En estado de vigilia, la calma absoluta nos convierte en verdaderos superhombres o supermujeres.

La persona que quiere utilizar su mejor potencial tiene que dominar imperativamente todos sus cambios de humor. Desperdician de forma totalmente inútil una gran cantidad de energía y provocan trastornos que dificultan de forma considerable la mente.

Tiene que estar atento para no dejarse afectar por los acontecimientos. En todos los casos, se tienen que detener claramente las reacciones que no dejan de aparecer en las distintas circunstancias que se producen y debe hacerse en cuanto empiezan. Es necesario retroceder cada vez que sentimos que la emoción nos invade. Este consejo es sobre todo más válido para las emociones negativas, pero las emociones positivas también tienen que controlarse de la misma forma.

Cuando se persevera, esto acaba por convertirse en algo permanente, como una segunda naturaleza, pero incluso entonces es necesario mantener una vigilancia constante. Con un simple momento de descuido, el ambiente exterior puede vencernos.

Para desprenderse de la ansiedad y de la angustia basta saber y creer que, sean cuales sean las circunstancias, detrás de las apariencias, el superconsciente trabaja para nosotros. Si usted confía en él puede guiarle, protegerle, abastecerle y resolverle sus problemas. Lo que usted teme sólo tiene pocas posibilidades de producirse. Aquello que ve seguramente no es más que la continuación natural de un proceso antiguo que está a punto de resolverse; esto puede parecerle negativo porque usted se esperaba otra cosa, pero recuerde siempre que sólo puede sucederle lo que es bueno para usted.

Sea cual sea la situación, tiene que relajarse y eliminar de su mente lo que es sólo apariencia y fijarse sólo en lo que usted espera de bueno. Puede dominar todas las situaciones si sabe dominarse a sí mismo.

Actuar con tranquilidad

Las personas tienen problemas para comprender que cuando no pueden hacer nada por resolver un problema y confían en su espíritu interior supraconsciente, tienen que mantenerse tranquilos y dejarle trabajar.

Si una persona le pide a un relojero que le arregle su reloj, es poco probable que el relojero acepte que el cliente le diga lo que tiene que hacer, le indique qué tornillo tiene que sacar o qué muelle se tiene que cambiar. Si así lo hiciera, le diría seguramente que le dejara trabajar en paz y que se conformara con esperar a que el trabajo estuviera terminado. En el caso que nos ocupa, el especialista es su propio espíritu superconsciente. Sabe exactamente lo que es necesario hacer y cómo afrontarlo para alcanzar el objetivo que se había prefijado. Es necesario dejarlo trabajar.

La palabra *fe,* que es la clave de la doctrina de Jesús de Nazaret, procede de una palabra indoeuropea que significa «mantenerse tranquilo». Dicho de otro modo, hay que dejar actuar al supraconsciente, a menos que se tenga una intuición clara y precisa. Ante la duda, es preferible abstenerse de llevar a cabo cualquier acción.

Cuando una persona que se encuentra en una situación desastrosa pide ayuda a las fuerzas superiores de su espíritu, el éxito va precedido a menudo por un periodo más complicado. Esto sucede porque esta persona tiene en su mente prototipos de pensamientos negativos que se tienen que destruir y sustituir por semillas positivas. Esta fase no va sólo acompañada de angustia, de sufrimiento moral y de trastornos psicosomáticos, sino también, la mayoría de las veces, por un empeoramiento aparente de la situación. Esto corresponde a la fiebre, a la diarrea, a las erupciones cutáneas, etc., que acompañan a la curación de algunas enfermedades del cuerpo.

Evidentemente, cuando esto sucede, la persona afectada se siente primero del todo convencida de que su situación o su estado están empeorando. Para ello tiene que hacer afirmaciones frecuentes, tiene que convencerse del hecho de que, por un lado, los problemas que aparecen no son más que las continuaciones naturales del pasado y, por otro lado, de que las cosas están a punto de arreglarse. La duda y el miedo tienen que eliminarse de la conciencia y sustituirse por la confianza.

La persona que conoce las leyes espirituales no se siente trastornada por las apariencias, no espera a que sus deseos se cumplan para alegrarse, incluso cuando la situación es catastrófica (sería mejor decir que parece catastrófica). Tanto si actúa para usted mismo como si lo hace para un tercero, no se debe preocupar: lo que tanto teme no se producirá y lo que está esperando acabará por llegar.

¿Cómo hacer realidad sus deseos?

La vida no es más que un juego

Cuando se observa a la humanidad, en particular a través de los medios de comunicación, se tiene la impresión de que está sumergida en un drama de forma perpetua. Las catástrofes naturales, las guerras, las enfermedades, etc., están siempre presentes. Millones de personas luchan contra el sufrimiento y los problemas sin cesar. Sin embargo, la vida no es más que un juego que consiste solamente, para cada individuo, en imaginar su existencia futura y en dejar que sea el superconsciente el que se ocupe de realizarlo. Lo realiza siempre dentro del ámbito de las leyes naturales y respetando además el interés de cada uno y de todos.

Con el superconsciente todo es posible. En este caso no se trata de supersticiones o de dogmas llenos de fantasías. La simple observación de la naturaleza nos muestra que el poder creador encuentra siempre soluciones a todos los problemas que se les plantean a los seres vivos, desde los más simples a los más elaborados.

Insisto sobre el hecho de que la vida es creadora. Todo lo que vive, lo que es tanto como decir todo lo que existe, es al mismo tiempo una manifestación y un canal por el cual se escapa la energía creadora.

Las cosas no se presentan siempre de esta forma, pero es un error. Por ejemplo, se dice que el hombre pierde una gran parte de sus células nerviosas a partir de su madurez. A pesar de ello estas células poseen muchos poderes. De esta forma, cuando se colocan neuronas aisladas en un caldo de cultivo, fuera del cuerpo humano, se ponen a trabajar enseguida para fabricar lazos de unión análogos a los que existen entre ellas en el cerebro y que son de una gran complejidad.

El hecho de que un proceso ocurra habitualmente de una forma en concreto no impide que pueda ser de otra forma. Cada persona tiene la capacidad de cambiar su existencia, de escapar del círculo vicioso en el que la gran mayoría de nosotros vive. Generalmente esperamos a estar ante el paredón, esperamos hasta que nos sentimos incapaces de actuar de otra forma, para decidirnos a cambiar nuestra forma de ver y la rutina de la vida. Pero no se trata de una fatalidad.

El deseo, motor de la vida

Vivir es desear. Cuando se deja de desear se entra en el proceso de desintegración que lleva hasta la muerte.

El deseo es el impulso que activa la acción del poder creador que cada uno tiene en sí mismo basándose en su visión interior, sobre lo que cree y sobre lo que piensa habitualmente.

Para comprender correctamente este principio, analizaremos lo que pasa cuando tenemos sed. Suponga que le colocan un vaso de agua a la vista. Para realizar la simple operación de cogerlo, algo en usted tiene que mover los millones de fibras que constituyen los ochenta músculos de su brazo. Cada fibra está unida a una neurona del cerebro y, para que los movimientos sean coherentes, cada neurona está unida a otras ciento cincuenta mil células del cerebro. Dicho de otra forma, se trata para el sistema nervioso de una operación de una amplitud considerable. Los bebés tienen que probar miles de veces antes de poder sujetar bien un objeto. Las personas que sufren de distonía muscular —anomalía debida a una afección del sistema nervioso central— sólo lo consiguen tras muchos y grandes esfuerzos. Les dejo imaginar la cantidad de trabajo que constituye para el cerebro una jornada entera durante la cual desempeñamos ocupaciones diversas y a menudo complejas. Incluso el sueño precisa que el sistema nervioso y los músculos trabajen para él. Es realmente una suerte que no seamos nosotros los que tenemos que dirigir conscientemente el funcionamiento de nuestro organismo. Nuestro inconsciente y nuestro subconsciente se encargan de ello y por esa razón trabajan de día y de noche, incluso durante el sueño. Son ellos los que han construido nuestro cuerpo produciendo los sesenta billones de células que lo componen, generadas a partir de una célula de nuestro padre y de una célula de nuestra madre. No se trata sólo de una sencilla duplicación, puesto que las células de cada órgano son distintas de las de los demás, etc. Esto es de una importancia capital y significa, en la práctica, que nadie está más calificado que nuestro propio psiquismo para dirigir la curación de nuestro cuerpo sea cual sea la enfermedad.

Así pues, el subconsciente efectúa ya un trabajo considerable aunque puede hacer mucho más. De esta forma, a menos que usted sea ya el ser más excepcional del mundo, es probable que pueda hacer más de lo que hace normalmente, tanto en el ámbito profesional como en el personal. Podría iniciarse en una nueva actividad, aprender una nueva lengua, practicar un nuevo deporte, aumentar su fuerza muscular y el volumen de su cuerpo, etcétera.

Aunque tenga una actividad sedentaria, su corazón puede ser de una constitución tan robusta como el de un campeón olímpico. Quizá no se siente atraído por los estudios, pero su cerebro está quizá tan bien elaborado como el de Albert Einstein. Los especialistas de las ciencias humanas admiten que, en el mejor de los casos, no utilizamos más que una décima parte de nuestras facultades. Esto es tan cierto para el cuerpo como para el espíritu.

En la vida diaria, basta desear algo, sea una información, un estado, una situación, un bien material o espiritual, para que el espíritu que se encuentra en nosotros busque y encuentre inmediatamente la información que esperamos o empiece a realizar su deseo. Es automático. Si nuestros deseos no se cumplen, siempre es porque no son lo suficiente fuertes o porque no creemos realmente que puedan realizarse o porque son inadaptados o irrealizables en el contexto. Cuando estamos de acuerdo con la vida, nuestros deseos, si son firmes, generan una energía tal que se propaga en nosotros y alrededor de nosotros hasta el infinito y más en particular hacia los que vibran sobre la misma longitud de onda debido a sus preocupaciones, a sus intereses o a una relación cualquiera con nuestros deseos.

Importancia de la motivación

Las creencias negativas están a menudo tan bien ancladas en las profundidades de nuestro ser que se necesitaría la potencia de una bomba atómica para destruirlas. Para que nuestros deseos se cumplan es necesario *quererlo** realmente; ahora bien, existen numerosas razones, además de eventuales creencias erróneas, para que una parte de nosotros mismos rechace lo que deseamos y lo que creemos que será bueno para nosotros. Pondré un sólo ejemplo entre mil. Un hombre joven desea convertirse en cantante; tiene una buena voz que trabaja de forma muy concienzuda, y también lo hace con el solfeo. Sin embargo, a pesar de su incontestable talento, no consigue hacerse con un buen contrato. La razón de esto es que es muy tímido y siente un miedo insoportable al hecho de encontrarse delante de un público; es él mismo quien, de forma inconsciente, evidentemente, se las compone para no conseguir un contrato, debido a su comportamiento, a sus cambios de humor y a sus retrasos, lo que no le impide cargar la responsabilidad de su fracaso sobre los demás. Otro ejemplo: un hombre desea montar una empresa pero no se entiende para nada con su esposa y sin darse cuenta intenta provocar su propio fracaso para no tener más tarde problemas de reparto con una persona que él considera como un obstáculo.

Nuestra motivación tiene que ser bastante fuerte para superar nuestros bloqueos. Esto sólo puede hacerse cuando existe un deseo potente.

El deseo mayor

Si la mayoría de las grandes filosofías predican el alejamiento de los bienes materiales, incluso el despojo, es para luchar contra el instinto de posesión que, cuando es excesivo, frena de forma considerable la evolución espiritual que es el objetivo de la vida. Pero la mayoría de nosotros no ha alcanzado un nivel de avance espiritual suficiente para poder prescindir de ellos. Además, cuando un individuo cualquiera basa su existencia sobre el principio primordial, absoluto y eterno de la vida que está en él, se ve automáticamente cubierto por todo lo que puede serle necesario o agradable sin que tenga que luchar por ello.

Ya lo hemos visto: nuestra existencia es el resultado de nuestros deseos. Una de las razones por las cuales la mayoría de las personas no obtienen lo que esperan es porque pasan constantemente de un deseo a otro que les parece siempre más esencial y más urgente. Y sobre todo, y esto sucede muy a menudo, estos deseos no son suficientemente importantes como para movilizar las fuerzas creadoras que se encuentran en nosotros. Es necesario tener un deseo mayor. No se trata de renunciar en este caso a todas las demás cosas de la vida. No existe nada útil o agradable que no sea legítimo desear. Contrariamente a las apariencias, nuestro planeta encierra bienes y riquezas en abundancia, suficientes para satisfacer mil veces la población del globo. Además, la creatividad natural del hombre puede inventar otras hasta el infinito.

Cada individuo posee, por derecho cósmico, todo lo que puede y podrá serle necesario; la única cosa que tiene que hacer es aceptar mentalmente su tesoro y reivindicarlo. Sin embargo, sólo un deseo mayor —algo que nosotros queremos absolutamente tener o hacer— puede despertar nuestras fuerzas creadoras cuando están dormidas.

Lleve a cabo una experiencia decisiva

Cuando se acerca a la metafísica, la mayoría de la gente se entrega a algunas experiencias sencillas para ver si realmente funciona. Algunos de entre ellos obtienen resultados que, teniendo en cuenta la simpleza del caso, no pueden imputarse de forma cierta a su acción psíquica.

La mayoría de las personas no obtienen nada, o más exactamente no reciben nada, simplemente porque han cambiado de preocupación mientras tanto, porque no han captado lo que esperaban en el momento favorable, o también porque no han sabido ver que lo que han recibido era distinto pero mejor que lo que ellos esperaban.

Es importante hacer una experiencia determinante: pedir algo que valga realmente la pena y que no sea una insignificancia que se puede obtener a través de los medios ordinarios.

Si por ejemplo usted tiene una necesidad urgente de conseguir 250.000 pesetas para saldar una deuda, le puede parecer normal pedir este dinero de forma prioritaria; pero si usted tiene otros problemas graves, es posible que no pueda concentrarse de forma suficiente en estas 250.000 pesetas porque durante el día y los días siguientes han surgido otras preocupaciones y, cada una en su momento, le harán cambiar el centro de atención de su mente y del trabajo del supraconsciente.

Tiene que ser atrevido en la determinación de su deseo mayor. Todo lo que las demás personas han podido hacer u obtener, usted también puede conseguirlo e incluso mucho más todavía.

Si consigue convencerse lo conseguirá sin duda alguna. Evidentemente, es preferible centrarse en lo que se desea realmente, en lo que es conveniente. Sólo en estas condiciones obtendrá el mayor provecho y será duradero y sin consecuencias indeseables.

¡No tiene que limitarse! Pida siempre más de lo que realmente necesita. Si usted cree que alguna fuerza puede ayudarle a conseguir una cierta cantidad, ¿por qué no podría otorgarle el doble y por qué no cien veces más? La experiencia le enseñará que usted no obtendrá nunca menos de lo que pide, pero tampoco más.

Se sorprenderá al comprobar hasta qué punto esto puede llegar a ser tan preciso.

Conserve sus deseos

Ya lo hemos visto: el principio vital conduce naturalmente sus objetivos hacia su realización. Usted no tiene que preocuparse ni tiene que hacer nada especial, aparte de pensar en ello, pensar y volver a pensar, sin parar, pero con calma, tranquilamente. No tiene que realizar sobre todo ningún esfuerzo, no tiene que luchar. Nada de lo que se obtiene a través de la lucha es legítimo y duradero. El único esfuerzo que tenemos que hacer consiste en superar nuestras propias dudas, nuestros propios miedos y nuestra propia inercia. E incluso para ello disponemos de la ayuda de nuestras fuerzas interiores.

La vida familiar o profesional, debido a sus impedimentos, tiende a desviarnos de nuestros objetivos. Hay que mirar hacia delante hasta alcanzarlos. Tiene que mantener al alcance de sus ojos, al alcance de sus manos todo aquello que puede recordarle lo que está esperando. Sea discreto si se encuentra en un entorno desfavorable, con personas negativas. Si, en cambio, se encuentra solo en su casa, puede ponerse algunas notas recordatorias en el espejo del lavabo, en su habitación, en la cocina o en cualquier otro lugar de la casa. Diríjase a los lugares que están relacionados con sus objetivos. Busque el contacto con las personas que tienen los mismos intereses que usted. Lea las revistas o los libros que hablan de ello; no es necesario comprarlas, las puede encontrar en las bibliotecas. Mantenga su atención siempre atenta en su objetivo para no olvidarlo ni un sólo momento. Tiene que convertirse en una obsesión. Busque las personas, los espectáculos, las emisiones de televisión o de radio que hablen de lo que usted busca. Si su objetivo exige una cierta técnica, como sucede con un artista, con un artesano, con un técnico, etc., busque un modelo entre sus predecesores. No dude en imitarlos para empezar; su personalidad emergerá naturalmente al cabo de poco tiempo.

Actuando de esta forma, usted mantiene, usted alimenta su ideal. No descuide nada.

Preparación para la práctica

Para empezar, limpiar la mente

Nadie aparte de usted mismo puede impedirle realizar sus deseos. Por lo tanto, no permita jamás que los pensamientos indeseables ocupen su mente. Esté atento, hágalos desaparecer cada vez que se presenten. Permanezca siempre fiel a sus ideales, a lo que usted desea, a lo que realmente quiere. Piense a menudo en ello. La mejor forma de conseguirlo rápidamente consiste en, por un lado, hacer cualquier cosa necesaria para alejarse momentáneamente de todo lo que es contrario a sus objetivos. Por otro lado, evite lo máximo posible a las personas que no piensan como usted o que son negativas. Practique de forma regular la relajación.

La sustitución imaginativa

Cualquier deseo que no se transmite al nivel cósmico continúa dando vueltas inútilmente por la mente, y esta se cansa. Ahora bien, la mente tiene que conformarse transmitiendo nuestros deseos al supraconsciente.

Si usted quiere que algo cambie en su existencia, tiene que hacerlo primero en su mente. Todo lo que tiene que hacer es imaginar, ver con los ojos del espíritu lo que espera. Luego, sustituir en su mente esta visión perfecta por lo que se llama *realidad,* que no es de todos modos, como ya hemos visto, más que el producto de nuestro psiquismo.

Se trata, en la práctica, de tomar el control de la existencia en lugar de dejarla dirigir a través de un cierto número de elementos, de los cuales lo menos que se puede decir es que no todos están motivados por buenas intenciones. La sustitución imaginativa es el *turborreactor* que acelerará la acción de la energía creadora.

¿Cómo impresionar a su mente?

La mente, consciente o inconsciente, es muy sensible a las ceremonias. Esto proviene del propio proceso del pensamiento y sobre todo del fenómeno de lo ya conocido. En la práctica, conocer es reconocer. Todo lo desconocido es estresante; por el contrario, lo conocido tranquiliza y calma. Basta con ver la expresión de la gente cuando se les hace escuchar una gran composición de música clásica de la que conocen el título. «¡Ah! Es la *Novena sinfonía*», dicen. Puede que sólo conozcan esa. Cuando el debutante efectúa una acción psíquica, puede representar una ayuda inestimable prepararse para ello:

— intente actuar siempre a la misma hora cada día, siempre que sea posible;
— piense con anterioridad en la experiencia que va a llevar a cabo para movilizar mejor las fuerzas que están en juego;
— escoja una habitación y un momento en el que pueda estar tranquilo;
— desconecte el teléfono y apague las luces;
— no es inútil realizar algunos preparativos antes, como lavarse las manos, rectificar la vestimenta o colocarse la ropa reservada para este momento.

Aleje el miedo

El supraconsciente actúa para usted y a través de usted, pero es usted el que marca los objetivos. Por lo tanto, no debe preocuparse de nada respecto a su porvenir. Aunque usted no sepa todavía lo que realmente quiere ni lo que tiene que hacer, su espíritu interior supraconsciente es capaz tanto de guiarle sin que usted sea consciente de ello como de dirigir los acontecimientos en el sentido que más le conviene a usted, actuando directamente sobre todas las personas afectadas, respetando evidentemente los intereses de todos y de cada uno.

No haga nunca concesiones

Sea cual sea su situación familiar o profesional usted tiene que pensar como individuo, por usted mismo y sólo para usted. No se trata de egoísmo sino del simple respeto del orden cósmico y de sus leyes trascendentales.

Incluso basándose en la observación y en la reflexión, nadie puede saber lo que realmente le conviene a otra persona, aunque se trate de un familiar. Desde el momento en el que usted actúa bajo la influencia del supraconsciente, usted no puede perjudicar a nadie y nadie puede hacer nada contra usted. Por lo tanto, no debe hacer nunca concesiones. Cada uno sigue su destino y tiene que dirigirlo él mismo. Usted no tiene que ocuparse de los problemas de los demás ni debe intentar arreglarlos en contra de su voluntad. Pero esto no impide ayudar a los demás; al contrario, usted tiene que ofrecer cada vez que se le pida y según sus medios, tiempo, dinero o ayuda, pero sin apiadarse. El apego que usted puede llegar a sentir por personas negativas, la adopción de su karma, puede ser para usted la causa de fracasos, enfermedades o catástrofes.

Tiene que ser siempre usted mismo. No intente jamás agradar a los que no son como usted, a los que no comparten sus gustos o sus objetivos. Existe una tal variedad de temperamentos, de gustos, de prácticas, etc., individuales, que es imposible agradar a todo el mundo. Sólo esas decenas de personas, de situaciones, de lugares, de cosas, etc., son susceptibles de encajar perfectamente con usted en esta Tierra. Los demás, todos los demás, aunque sean buenos, amables, guapos, perfectos, no sólo no pueden aportarle nada, sino que pueden ser incluso francamente negativos, incluso peligrosos para usted. Si usted mismo no está contento del lugar que ocupa, no puede convertirse en una ayuda porque usted mismo constituye un elemento perturbador.

No se resigne nunca

Aunque sus actos ordinarios dan resultados que podemos comprobar, sólo pueden serle benéficos bajo la condición absoluta de que proceden del supraconsciente y del entendimiento colectivo.

La mayoría de las personas que se encuentra un día u otro en situaciones bloqueadas y que se esfuerza en vano para salir de ellas a través de medios humanos ordinarios acaba resignándose. Quizá la vigilia del día en el que el éxito se iba a manifestar. Muy a menudo renuncia con demasiada rapidez, incluso antes de un plazo razonable.

Sea cual sea la gravedad de la situación o de su estado, recuerde siempre que si recurre a su supraconsciente, este resolverá todos sus problemas. Tiene que persuadirse de ello. Tiene que ahuyentar su inquietud, sobre todo la que es consecuencia de la incertidumbre de la situación.

Necesidad de una experiencia convincente

Es muy probable que la mayoría de los lectores de esta obra tengan que lamentar algún problema, tanto pequeño como grande. Esta es pues la ocasión de llevar a cabo una experiencia decisiva. ¡No espere más! Será mucho más provechoso para usted, para la actualidad y para el mañana contactar los poderes que se encuentran en usted antes de llevar este estudio más adelante. No sólo podrá sentirse aliviado más rápidamente de una carga que le pesa mucho, sino que esto puede proporcionarle también una mayor comprensión de los principios que encabezan la acción de su espíritu. Es inútil entregarse a largos y agotadores ejercicios previos.

Decida desde ahora realizar algo que realmente le guste o resolver el problema que le bloquea, que le impide avanzar. Deje de conformarse con hacer pruebas con problemas menores o con buscar la realización de algo insignificante. No sólo le haría perder un tiempo precioso y no le sería nada útil en la formación de su convicción, sino que mientras tanto su situación o su estado puede haber empeorado o puede haber surgido un nuevo problema. Entonces tendría que empezar de nuevo desde cero.

No es necesario creer en ello. La acción psíquica es un proceso natural. La fe sirve sólo para tranquilizar la mente, lo que es indispensable para aprovechar plenamente la acción del supraconsciente. Si usted actúa tal como se indica a continuación, el resultado intervendrá de forma infalible puesto que es su propio espíritu interior el que actúa, de manera que nada ni nadie puede impedirlo, y menos usted a través de la duda, la falta de motivación y la pasividad.

Las circunstancias y las condiciones exteriores no tienen importancia ni ningún poder sobre su vida. No son verdaderamente reales. No debe olvidar jamás que es usted el que mueve los hilos en lo que se refiere a su cuerpo, su espíritu y todos sus asuntos. Las guerras no son importantes, ni las crisis económicas, ni las catástrofes naturales, ni la inconsecuencia y la maldad de los hombres: su espíritu interior, supraconsciente, tiene todos los medios necesarios para guiarle, le protege y le abastece siempre y por todas partes.

¿Qué se puede pedir a la supraconciencia?

Usted puede pedir absolutamente de todo a su espíritu. A pesar de su potencia excepcional, él también es usted. No sólo no le rechazará nada, sino que usted no puede hacer nada sin él. Lo poco que usted tiene de su punto de vista, la vida, la subsistencia o algún bien material, es él quien se lo ha dado.

Usted puede desearlo todo; sin embargo, el hombre o la mujer que usted es no es el resultado del azar. Usted es en esencia un ser cósmico en camino hacia un nivel más alto de existencia. Sea lo que sea que usted desee hoy, deseará otra cosa mañana. Por lo tanto, no debe preocuparse. Sin embargo, es siempre mejor establecer la propia existencia sobre bases estables que son la salud, la prosperidad, el bienestar y la realización de sí mismo. La búsqueda o la posesión exclusiva de uno sólo de estos beneficios crea un desequilibrio que finalmente es siempre perjudicial, es decir, en el momento en que las satisfacciones obtenidas de esta única ventaja no sean más que recuerdos.

Por ejemplo, muchas personas que han dado prioridad al dinero y a los bienes materiales acaban su existencia no sólo habiendo perdido a veces todo, sino también sufriendo lo que se llama una *larga enfermedad*. Además, entonces quedan sólo vagos recuerdos de un esplendor pasado, a condición de que todavía puedan pensar, lo que pocas veces sucede.

Por el contrario, renunciar totalmente, basándose en una moral mal entendida, a los bienes materiales y al bienestar, es también un error. Sólo los individuos espiritualmente avanzados pueden prescindir de ello. Los recursos del universo son ilimitados y en todos los casos suficientes para que todos los hombres naden en la abundancia.

Además de la salud, la prosperidad, el bienestar y la realización de uno mismo, todo es posible y bueno para usted, con la condición de mantenerse en una justa medida. Los deseos esporádicos y obsesivos no son más que la expresión de complejos psicológicos, debidos a tendencias la mayoría de las veces inconscientes del psiquismo.

Los comerciantes, por ejemplo, saben bien que la ansiedad provoca la necesidad de comprar, por lo que sólo tienen que colocar artículos atractivos en la entrada de su tienda para estar seguros de vender. Si además ponen música de moda, los clientes no se pueden resistir.

Es evidente que si nuestro estado y nuestra situación son críticos en cualquier aspecto, se tiene que empezar por este, pero no se trata de renunciar a nada más.

92

No diga nunca: «Mientras tenga dinero, lo demás me importa muy poco», o «Por ahora, yo sólo quiero estar sano; el resto ya lo veré más adelante». La vida es un todo inseparable. Es imposible saber con certeza qué sector influye sobre los demás. La salud puede depender del trabajo o el trabajo de la situación conyugal.

Aparte de estos deseos de base, usted puede desear cualquier cosa: recuperar la juventud, tener memoria, encontrar las cosas perdidas, curarse de alguna enfermedad, viajar, estar protegido por la suerte, conocer todo lo que nos es necesario saber, dormirse fácilmente y despertarse luego fresco y dispuesto, hacer pasar el enfado a alguien, conocer el porvenir, tener un barco, ser un artista famoso, tener éxito, dirigir una gran empresa, etc.

¿Qué desea realmente?

Le puede parecer paradójico plantearse esta pregunta cuando he dicho anteriormente que su espíritu ya sabe lo que tiene que hacer. Pero se trata de convencer a su propia mente para obtener su colaboración o por lo menos una cierta pasividad, puesto que en caso de conflicto entre el consciente y el subconsciente es siempre el segundo el que gana. Dicho de otro modo, se trata de cosas de las que usted no conoce ni siquiera su existencia en usted las que se cumplen.

En la vida cotidiana todos tenemos una multitud de deseos de todo tipo. Algunos no son más que la manifestación de necesidades naturales —fisiológicas o psicológicas—, pero otras son los productos de influencias exteriores y se convierten, una por una, en más importantes que todas las demás. Esto tiene como consecuencia generar la confusión en nuestra mente y explica la incoherencia en nuestro comportamiento cotidiano.

No se plantee sólo cosas vagas: haga una lista de todo lo que puede desear. Y he dicho realmente todo, desde bienes materiales o situaciones muy excepcionales a los enredos más insignificantes, pero que hacen agradable la existencia, tanto si se trata de necesidades urgentes como de proyectos a largo plazo. Por ejemplo, el caso de un joven que quiere ser médico, lo que supone varios años de estudio.

Algunos pequeños deseos pueden ser relativamente fáciles de realizar pero, como siempre hay cosas más importantes que hacer, podemos *arrastrarlos* con nosotros durante años. Otros son francamente triviales y no nos aportarían de hecho ninguna satisfacción real. ¿Cuántos objetos de todo tipo se olvidan en los cajones, los desvanes o los graneros cuando en realidad creíamos que no podríamos subsistir sin ellos?

Pero esto no quiere decir que tengamos que olvidar las pequeñas cosas. En la búsqueda de una gran realización pueden llegar a ser el cebo indispensable para provocar una manifestación destacable, el signo de que algo pasa, pero la mayoría de las veces se muestran insuficientes para superar los bloqueos de la mente. Se necesita una motivación más fuerte. Todos los padres conocen perfectamente la dificultad que tienen para despertar a sus hijos los días de clase, mientras que cuando se trata de divertirse se levantan incluso antes de la hora necesaria.

Cuando ya haya establecido la lista de todos sus deseos, tiene que preguntarse cuál de ellos le gustaría ver realizado si todos los demás no pudieran cumplirse. Además de aclarar la mente, la elaboración de la lista de sus deseos tiene como objetivo movilizar las fuerzas creadoras y constructivas que se encuentran en usted y poner en marcha su actividad.

Si usted escoge para una primera experiencia un deseo que no es esencial para usted, además del hecho de que su realización no sería suficiente para establecer en su mente una convicción clara, la existencia de múltiples necesidades o de múltiples problemas, más o menos graves, podría no dejarle el tiempo suficiente para consagrarse a ese deseo, ni tampoco suficiente disponibilidad de espíritu para encontrar la ocasión favorable.

¿Cuál es su mayor deseo actual? ¿Qué es lo que más le importa actualmente? ¿Qué es lo que más desea? ¿Qué desea realmente tener o ser?

Sea realista. La naturaleza de su deseo, la forma de expresarlo y su actitud mental tienen una importancia capital. Lo que usted desea actualmente puede, por razones que dependen del propio funcionamiento del psiquismo, no ser realmente personal, realizable o deseable para usted.

El herrero que había pedido tener muchos clientes en la época en la que el negocio del automóvil empezaba a ampliarse tenía muy pocas posibilidades de conseguirlo. No se puede ir contra la evolución de toda una sociedad. Este caso es voluntariamente extremado, pero existen muchas cosas que son también imposibles para una persona a pesar de las apariencias. Es la razón principal por la que muchos deseos no se realizan.

Cuando un hombre de cincuenta años que está afectado desde siempre por una miopía continúa repitiéndose que su único deseo sería el de ser piloto de aviación, o cuando una madre de familia de cuarenta años dice que le gustaría ser azafata de vuelo, es evidente que realizan un bloqueo sobre sus deseos: incluso en la época en la que esto habría sido razonable, no habría sido posible. ¿Es posible que en realidad no lo hubieran deseado nunca? A menudo es lo que sucede.

¿Cómo evitar estos inconvenientes? ¿Mediante la reflexión? Es imposible. ¿Realizando un análisis psicológico? La experiencia nos demuestra que es aleatorio y de todas formas demasiado largo cuando se tiene prisa. Su espíritu profundo y superconsciente ya sabe lo que le conviene. Él sabe perfectamente lo que es posible y deseable para usted y lo que no lo es y, en este último caso, puede encontrarle una solución por lo menos igual de favorable para usted y a menudo incluso más interesante. Lo mejor es confiar en él y dejarle actuar.

Anote su mayor deseo en un papel que tendrá que llevar siempre con usted. Sea conciso, pero sobre todo deje en total libertad a su espíritu interior respecto a las modalidades de la realización de lo que usted espera. No sólo su supraconsciente sabe ya lo que le conviene, tanto para el presente como para el futuro, sino también cuándo y cómo realizarlo.

Lo que usted pretende puede, a pesar de todas las apariencias, ser imposible por el momento o en la manera que usted tiene previsto. Deje que lo juzgue su supraconsciente. Si es necesario, es perfectamente capaz de aportar las correcciones indispensables o incluso de sustituir una solución por lo menos tan interesante como la que tenía prevista: mejor para usted.

Respecto a su mente, si usted le concede la más mínima precisión o define las condiciones de forma o de tiempo, se pondrá automáticamente a discutir para intentar imponer sus propias condiciones y se colocará en estado de espera, un estado que genera ansiedad.

Para poner un ejemplo, supongamos que usted desea tener un alojamiento. El supraconsciente ya sabe qué tipo de casa o de apartamento podría convenirle perfectamente, tendrá en cuenta sus gustos, sus medios, sus obligaciones familiares, profesionales y otras. Y más todavía, gracias a sus facultades extrasensoriales, sabe si una casa o un apartamento que corresponda a todos esos criterios está disponible, incluso en un lugar o en una ciudad que usted no conoce. Este último punto es de los más importantes. En ningún caso, sean cuales sean sus capacidades intelectuales, podrá usted tener en cuenta en sus reflexiones los elementos que usted conoce conscientemente.

Por ejemplo, si usted pretende cambiar de casa, puede pensar en que le gustaría instalarse en una determinada ciudad porque ha vivido en ella un mes en vacaciones y la región le ha gustado mucho; sin embargo, usted sólo la ha visto en verano, mientras que en invierno la región está completamente desierta, es húmeda y triste. Las viviendas más cercanas puede que sólo sirvan para las vacaciones y el barrio esté completamente desierto los demás meses del año. Usted no puede saberlo, pero su espíritu interior sí puede saberlo.

Usted puede incluso haber ido a ver este pueblo durante el invierno, pero la casa que usted ha escogido puede tener algunos problemas que no son visibles. El propietario podría estafarle o podría tener un vecindario difícil de soportar... después de instalarse. ¡Demasiado tarde!

Sucede lo mismo con todos los sectores de la existencia: el trabajo, los sentimientos, etc.

Usted puede creer que le es posible realizar sus deseos o resolver sus problemas de otra forma, pero se equivoca. Si algunas personas están favorecidas naturalmente por la suerte o por la providencia, es porque ellas han adquirido anteriormente —a menudo en una existencia mejor— un estado de espíritu o un karma positivo, pero si se alejan por negligencia de él la mala suerte volverá a aparecer de forma infalible.

Ahora y para siempre

Las plegarias antiguas contienen una noción bastante descuidada actualmente: *Ahora y siempre*. Sin embargo, esta noción tiene una importancia capital. En efecto, cuando una persona tiene un problema —se tendría que hablar en realidad de problemas puesto que un problema no resuelto acaba siempre afectando a otros sectores de la existencia— sólo espera una cosa: que pase lo más rápidamente posible, sobre todo para librarse de la ansiedad o del sufrimiento; pero en cuanto la presión se afloja un poco, deja de lado sus buenas resoluciones y sus esfuerzos. La mayoría de las personas tiene tendencia a tomar sus problemas como sencillas peripecias que se tienen que resolver de forma inmediata, y se tiene que rehacer todo a la mañana siguiente.

Se tiene que pensar siempre a largo plazo. Si usted está convencido, y lo estará desde la primera experiencia, de que su espíritu interior puede ayudarle a resolver sus problemas o a realizar sus proyectos, es mejor no tener que volver a empezar todas las semanas. Para ello tiene que estar convencido y especificar al máximo que lo que usted desea es *para ahora y para siempre*. No debe olvidar que su fórmula se dirige sobre todo a su mente.

Ahora y para siempre significa que no sólo espera una realización inmediata en el presente, sino que también quiere que la solución de ese problema en particular, que ese beneficio, dure para siempre, para toda la eternidad. Eso es lo que tiene que suceder en particular con la salud, la prosperidad, el éxito y la felicidad.

Insisto de forma particular en el *para siempre*. La vida no se acaba con la existencia presente. Es una continuidad de reencarnaciones sucesivas. La mayoría de nosotros tendrá que volver a empezar nuevas existencias y es preferible prever esta eventualidad y no arriesgarse a volver a este mundo físico en condiciones difíciles, incluso dramáticas.

Es posible que no crea usted que una persona pueda haber vivido en otra existencia antes de esta y vuelva a vivir en el futuro, bajo otra personalidad o bajo otra forma, pero sin embargo eso es así.

Algunas personas piensan que la muerte es también el fin de sus problemas. Se trata de un error puesto que nos encontramos las mismas condiciones, incluso peores, durante nuestra próxima reencarnación o en una posterior, si nuestra carga kármica negativa no se ha agotado, y se produce mucho antes, a veces desde el nacimiento. Es lo que explica que haya niños que nazcan en condiciones espantosas: familia con problemas, país en guerra, enfermedades congénitas, dolencias, etc. Este estado de las cosas que se vive como una injusticia no es más que la consecuencia natural de la ley cósmica de la causa y de los efectos.

Por suerte, lo contrario también es cierto. Las adquisiciones positivas de una existencia se encuentran de nuevo en la o las próximas reencarnaciones bajo forma de ventajas y de dones innatos, hasta el punto de que a veces se puede llegar a hablar de prodigio. Muchos niños dan muestras de tener capacidades claramente superiores a la media de su edad. Existen incluso casos espectaculares que aparecen a veces en los periódicos, pero otros muchos niños más adelantados que la media permanecen totalmente desconocidos para el gran público, incluso para su propio entorno.

La acción psicocinética

Técnica de base

— Empiece por determinar con cuidado lo que desea.
— Escoja un momento y un lugar en el que pueda estar tranquilo.
— Instálese cómodamente, sentado o estirado. Relájese durante unos momentos. Descanse físicamente, calme su espíritu.
— Piense durante algunos momentos en lo que desea, en el problema que quiere solucionar o en la información que busca.
— Luego medite sobre el hecho de que su espíritu interior, el supraconsciente, tiene el poder de realizar todos sus deseos, es capaz de responder a todas las preguntas que usted puede plantearse.
— Lea dos o tres veces la frase expresando su deseo, una frase que usted habrá preparado con anterioridad sobre una hoja de papel.
— Luego cierre los ojos y continúe repitiendo esta frase mentalmente.
— Deténgase cuando tenga ganas o al final de un periodo de tiempo previsto de antemano.

¿Qué hacer luego?

La pregunta que se plantea la mayoría de las personas después de un tratamiento metafísico (*tratar* en el sentido de decretar algo a través de la palabra o del pensamiento) es: *¿Y ahora qué tengo que hacer?* La respuesta es: *¡Nada!* Esto no significa sentarse y esperar, sino que quiere decir que se tiene que intentar dejar de resolver el problema a través de los medios ordinarios. El supraconsciente ya ha encontrado la solución perfecta y trabaja en su realización. Tiene que tranquilizarse y seguir ciegamente todas las indicaciones que no dejará de darle, directamente, a través de la intuición, o indirectamente, durante el sueño, a través de su entorno o a través de acontecimientos aparentemente fortuitos.

Dicho de otro modo, basta hacer todo lo que le dicta su espíritu a partir del momento en el que ha pedido ayuda al poder creador que hay en usted aunque no tenga ninguna relación directa con lo que le preocupa.

¡Cuidado! He dicho *seguir las intuiciones*.

Se trata de seguir ideas nuevas, no las que ya tenía previstas anteriormente. No es porque se tengan que considerar *a priori* como malas y se tengan que rechazar de forma definitiva, pero es posible que sean imposibles para usted, a pesar de las apariencias, y que esta sea precisamente la razón por la que las cosas no han sucedido como usted deseaba.

Así pues, si después de pedir ayuda al supraconsciente, todavía piensa en lo mismo, es preferible esperar y pedir la confirmación a su espíritu infinito, algo que hará en general muy rápidamente, normalmente durante la noche o el día siguiente. Si sus primeras intenciones no se confirman, lo mejor que puede hacer es renunciar inmediatamente y sin pensar. En el caso de que no suceda nada, continúe con su vida de todos los días.

La mejor forma de soportar el proceso que ha empezado es consagrarse a todas las pequeñas tareas de la vida cotidiana, empezando por todo lo que es aburrido o que lleva retraso, tanto si es importante como si no. Ordene sus asuntos. Haga limpieza general en su casa, en su oficina, vacíe su bolso o su maletín. Clasifique sus papeles. Lleve a revelar las fotos de las últimas vacaciones que tiene en el rincón de un cajón desde hace tiempo, acabe la labor o el bricolaje que había empezado hace ya dos meses. Responda el correo atrasado. Realice sin esperar más los trámites que aplaza día tras día, sobre todo los que se refieren a sus preocupaciones más inmediatas, incluso y sobre todo las que no han aparecido hasta ahora...

Haciendo todo esto, también pone orden en su propia mente. Esto es suficiente a veces para aclarar una situación que estaba muy confusa.

Prepárese para recibir lo que espera, aunque no vea ningún signo que deje suponer que la solución está a punto de llegar. No espere sobre todo a que los demás actúen en su lugar o cambien su comportamiento únicamente para que sus asuntos se arreglen, y todavía menos que la sociedad o los acontecimientos evolucionen. Usted debe dirigir su propia vida a través de sus pensamientos, sus palabras y sus acciones, puesto que usted y sólo usted va a tener que soportar las consecuencias.

Si usted desea ardientemente algo que le parece imposible obtener, no debe renunciar antes de resignarse ante personas competentes. No se conforme nunca con hablar sólo con personas que no saben más que usted. Busque documentación sobre el tema, intente encontrar a personas que entiendan de este. Evidentemente, tiene que ser realista y reconocer cuándo existe una imposibilidad clara.

No espere pasivamente a que las circunstancias se vuelvan más favorables o a que los demás las cambien. ¡Actúe! Haga lo que tenga que hacer y que nadie hará en su lugar. Esté preparado para aprovechar la primera oportunidad que se presente. Por ejemplo, si desea convertirse en cantante o en compositor, no espere a tener un contrato para empezar a trabajar. Prepárese, escriba cada día de forma que pueda grabar el mismo día si se presentara una ocasión favorable. Si usted no hace ya esto, puede interrogarse acerca de sus motivaciones reales.

No dude sobre todo en reiterar los pasos que han sido infructuosos hasta ese momento. No se olvide de que de ahora en adelante su cuerpo, su espíritu y todos sus asuntos están dirigidos por leyes superiores, trascendentes. Aunque alguien le haya ya rechazado algo, vaya a verlo de nuevo pidiendo simplemente, pero con seguridad, lo que usted desea.

Si consigue cambiarse a sí mismo, se sentirá a menudo sorprendido del cambio de los demás respecto a usted. Es usted el que dirige su vida ahora, a través de sus pensamientos, sus palabras, sus reacciones, las emociones y los sentimientos que mantiene con usted mismo y hacia los demás. Ya no debe sentir miedo, tiene que estar convencido de la realidad de su superpotencia; usted es «el amo de su existencia, el capitán de su vida», para parafrasear al poeta Henley. Ejerza esta autoridad con benevolencia y humildad. Confíe totalmente en sus intuiciones. Aprenda sin embargo a hacer la diferencia entre la intuición y la imaginación. En caso de duda, pida al espíritu infinito que se encuentra en usted que le dé una indicación complementaria clara y precisa. Lo hará. Si no lo hace, deje que los acontecimientos sigan su curso.

Existe una costumbre popular que consiste en cruzar el dedo índice y el dedo corazón de una mano cuando se formula un deseo. No se trata de una simple superstición puesto que ese gesto, al cortocircuitar algunas corrientes electromagnéticas internas, bloquea la acción de la mente y amplifica la actividad de la supraconciencia. Se trata de una apertura directa al mundo espiritual. Se encontrará usted entonces en comunicación con la entidad —hombre, planta, animal, elemento, reencarnado o no—, en la que usted piense. Cuando usted cruza el dedo índice y el corazón de una o las dos manos puede sentir en la cumbre de la cabeza un círculo de entre tres y cuatro centímetros de diámetro de una gran hipersensibilidad: un pequeño roce puede provocar una ligera náusea.

¿Por qué no se realizan nuestros deseos?

Existen cinco razones esenciales que impiden que un deseo se realice.

1. *No se corresponde con la idea que la persona se ha hecho de él*
Así pues, no se trata de un fracaso. Es una suerte que lo que no está bien para nosotros no se pueda realizar fácilmente. Si sucediera así, y teniendo en cuenta la inconsecuencia de los hombres, el mundo sería un gran caos. Algunas personas son testa-

rudas y consiguen alcanzar a veces su objetivo, pero obtienen siempre una contrapartida negativa.

2. Está mal formulado

Las zonas inconscientes del psiquismo trabajan únicamente sobre el modo deductivo y no entienden las aproximaciones que utilizamos en el lenguaje corriente. Por lo tanto, es necesario ser concreto y llamar a las cosas por su nombre. Es necesario indicar el objetivo real, el objetivo final y no las etapas que creemos indispensables. Por ejemplo, si desea un coche, es necesario pedir un coche y no el dinero o la suerte para ganar en la lotería.

3. Existe en el subconsciente de la persona una causa de bloqueo

Este punto es muy importante. El psiquismo humano está compuesto, como ya sabemos, en su mayoría, por zonas inconscientes; sin embargo, a las personas les cuesta admitir que puedan creer o desear dos cosas opuestas al mismo tiempo. Sin embargo es así. Usted puede desear tener una casa, pero si usted no se entiende para nada con su pareja, su inconsciente puede conducirle a hacer de todo para no tener esa casa mediante todas las posibilidades: fracaso en el trabajo, pérdida de dinero, etc.

4. La duda

La duda no es sólo un sentimiento negativo que, como los demás, trastorna a quien lo siente; se trata de un acto de fe inverso. En la práctica, se trata de una convicción negativa. Es creer más o menos firmemente en que lo que esperamos es imposible o por lo menos improbable. La duda ligera se anula de forma progresiva mediante la perseverancia.

5. La impaciencia

Es posible que se haya sentido interesado por el título de esta obra porque usted tiene un problema por resolver. Evidentemente, cuanto antes mejor, aunque tiene que entender que sólo por tener prisa las leyes naturales no se aceleran. La impaciencia traiciona de hecho una falta de confianza en la vida que se puede justificar o un desconocimiento de las leyes cósmicas. Por lo que se refiere a este método, la falta de confianza se justifica si se trata de algo absolutamente nuevo para usted pero, a menos que disponga de otra solución, le interesa perseverar.

Aunque su situación o su estado sea crítico, las cosas no irán más rápido. En cambio, puede estar completamente seguro de que si confía en su supraconciencia, la solución aparecerá siempre a tiempo.

La impaciencia unida a la ansiedad crea trastornos reales en el cerebro y en el entorno personal. Las buenas influencias ya no le llegan, el psiquismo es incapaz de trabajar de forma eficaz. Esto no hace más que atrasar siempre la realización de lo que usted espera y puede conducirle, tanto a no realizar lo que hace falta en el momento adecuado, como a renunciar antes de que la solución se haga realidad.

La mejor actitud consiste en comportarse como si todo estuviera ya cumplido. Considere que ya no existe ningún problema. De hecho, el espíritu infinito ya ha puesto en camino y realizado totalmente la solución en el astral, aunque su manifestación tiene que obedecer a las leyes del tiempo y del espacio que dirigen el nivel físico. Los acontecimientos negativos que pueden aparecer durante ese lapso de tiempo no tienen que impresionarle; no son más que las etapas indispensables del proceso que conduce al éxito.

Esfuércese para verse tal como usted lo desea, con salud, prosperidad, etc. Imagine que lo que espera se encuentra ante usted: siéntalo, tóquelo.

Intente percibir por adelantado el placer, la satisfacción, la alegría, el bienestar que será el suyo cuando lo que espera se haga realidad. Imagine que comparte ese bienestar con las personas que más quiere y que le quieren. Imagine que están a punto de felicitarle por su éxito o por su curación.

¡Cuidado! No sea demasiado preciso en esta anticipación. Si piensa en un alojamiento, por ejemplo, no intente *ver* ni su forma exacta ni su color ni el número de habitaciones o el barrio en el que se encuentra. Confórmese imaginando vagamente que se encuentra en una vivienda que es la suya, que se encuentra a gusto, con las personas que ama y que le aman. Un lugar cómodo, próspero (la nevera está repleta de cosas buenas). Lo mejor es realizar una apreciación de orden general. Dígase: «Estoy contento de estar en una nueva casa», «Es maravilloso, todo se soluciona perfectamente para mí», «Mi salud mejora rápidamente», etc.

Piense tranquilamente en ello mientras trabaja, mientras se divierte, cuando se va a dormir, etc., hasta que se cumpla.

Persevere hasta el final

Si usted quiere saber cuánto tiempo tiene que esperar, es mejor que utilice enseguida los medios ordinarios de los que dispone. Si puede prescindir de lo que está pidiendo, entonces no hay problema. Si, en cambio, quiere realmente obtenerlo y si no dispone claramente de algún otro medio seguro, tiene que confiar ciegamente en la supraconciencia. Persevere hasta obtener el resultado deseado.

No se trata como hemos visto anteriormente de esperar, puesto que las cosas se realizarán en el momento que mejor convenga. Aunque los plazos previstos se acerquen o se superen, tiene que mantener la calma, existe con seguridad una razón que usted desconoce. No puede sucederle nada fastidioso. El porvenir le mostrará que, durante este periodo de espera y a veces de angustia, el proceso ya estaba en marcha, que pasaba realmente algo, a veces incluso que el resultado ya se había obtenido. Exactamente igual que cuando hace un pedido por correspondencia. Entre la salida de su carta y la llegada del paquete, son varias las personas que han trabajado en su preparación y en su envío. Usted no sabe quién, usted no sabe cómo lo han hecho, sólo tendrá conciencia de la manifestación. Como por un milagro, el paquete se encuentra en su casa.

Usted tiene que insistir durante el tiempo que sea necesario, no para ayudar a su espíritu interior, sino para entretener el ardor de su deseo, que tiene tendencia a perder su sustancia cuando se mantiene inmerso en el océano de las circunstancias negativas.

El poder psicocinético
en sus aplicaciones

El poder del espíritu en la vida corriente

Vamos a ver ahora la forma de actuar en algunos casos concretos; sin embargo, insisto todavía sobre el hecho de que no se debe considerar este método únicamente como un medio para resolver cada problema puntual, lo que en la práctica se convierte en hacer lo que queremos, para pedir luego al supraconsciente que corrija nuestros errores, o en querer forzar las cosas contra la lógica o la justicia.

Si usted tiene problemas por resolver hoy, utilice la técnica apropiada, pero cuando ya estén resueltos es preferible utilizar los principios indicados en esta obra para evitar que no vuelvan a aparecer los mismos u otros nuevos.

Asociando el supraconsciente a cada acontecimiento de la vida, usted se coloca bajo su potente protección y las cosas se arreglarán de forma natural a su favor.

Afirmación cotidiana

Tal como he dicho anteriormente, no debe esperar nunca a que un problema se plantee. Usted puede recondicionar su mente utilizando cada día la fórmula siguiente. Puede añadirle elementos más adecuados a su situación personal. Por ejemplo, si su trabajo es de alto riesgo, como el de los marineros, los pilotos de avión, etc.

El espíritu infinito que se encuentra en mí es la fuente de mi salud, de mi prosperidad, de mi éxito y de mi bienestar.

Confío plenamente en él por esta razón y sé y creo que es realmente así. Le pido ayuda en cualquier circunstancia y sé que todo me saldrá bien.

Cuando usted estudia

A pesar de realizar un trabajo serio, se pueden presentar defectos en la comprensión, en la memorización, en la expresión o en la aplicación de los conocimientos. Es preferible entonces tratar con anterioridad cada sesión de trabajo, antes de cada examen.

Espíritu infinito que estás en mí, anímame y dirígeme en este estudio o para este examen.

Protección para los viajes

Sea cual sea el medio de transporte que utilice para viajar, son numerosos los problemas que pueden convertir un simple paseo turístico en un verdadero combate, a veces incluso en una catástrofe.

Errores en las rutas, problemas mecánicos, pérdida o robo del equipaje y agresiones pueden hacerle perder un tiempo precioso, incluso dinero. Pronuncie una de las dos frases siguientes antes de salir.

Estoy unido al espíritu infinito que se encuentra en mí. Me protege y me guía en todos mis desplazamientos. Viajo alegremente y con total seguridad.

Espíritu infinito, protégeme en este vehículo terrestre, así como a todos los demás que se encuentran por la carretera. Que podamos todos contar contigo.

Reencontrar la tranquilidad y la paz

La serenidad es indispensable para controlar o superar las inevitables peripecias de la existencia. El día en el que teníamos prevista una comida campestre se pone a llover a cántaros; el coche no arranca a la hora prevista para asistir a una cita importante; tenemos que pasarnos la semana de vacaciones en la nieve en cama por culpa de una gripe, etc. Es muy difícil aceptar lo que se percibe como una injusticia, como una desgracia. Cuando se conoce la vida nos damos cuenta de que no es así. Por ejemplo, la avería del coche puede haber evitado un accidente de graves consecuencias. Es necesario ver en cada contratiempo una suerte enmascarada. ¡Cuidado! No se trata en este caso de un fatalismo mal entendido que nos lleva a aceptar la desgracia como algo inevitable, sino como golpes de suerte cuyos efectos se revelan normalmente a continuación.

Espíritu infinito que estás en mí, restablece la paz y la tranquilidad en mi cuerpo y en mi espíritu.

Para suscitar el amor

Las concepciones personales, las creencias o los complejos diversos llevan a algunas personas a creer que son incapaces de despertar el interés o el amor de los demás. Esto puede ser a causa de un defecto físico.

Es siempre preferible estar con personas como nosotros y que nos aman y nos aprecian tal como somos y por lo que somos. Existen muchas personas con las que cada ser humano tiene una afinidad perfecta, pero cada una de ellas sigue su historia individual. El hecho de que se produzca un encuentro feliz depende de una conjunción de dos historias. Esto es sólo posible durante periodos limitados. Ni antes ni después. Por esta razón vemos a tantas personas que tienen una fijación por un hombre o una mujer que consideran como el ser de su vida: él solo, el único. Pero los años pasan sin que la conclusión deseada llegue. Es difícil para la persona que se encuentra en esta situación que pueda llegar a ser feliz con otra persona. Pero sin embargo eso sucede.

Espíritu infinito, abre el camino para una unión feliz con una chica (una mujer, un chico, un hombre) que tiene todas las cualidades. Que haya entre esta persona y yo amor y respeto mutuos y buena voluntad recíproca.

Purificación de los alimentos

En ontología, cuando una persona dice que se ha intoxicado con un alimento, se le responde que ha sido ella la que lo ha envenenado. Esto significa en realidad que es ella la que lo ha atraído por su actitud mental y sus actos. El organismo humano, su aparato digestivo, es en efecto mucho más eficaz de lo que se cree habitualmente. A través de la palabra podemos reactivar sus capacidades de discriminación y de reacción. Muchas enfermedades pueden evitarse de esta forma. Por el contrario, el miedo que aparece tras la toma continua de sustancias que ayudan a digerir es suficiente para derribar a los más robustos.

Espíritu infinito que estás en mí, que tu sublime energía penetre en esta comida, elimine de ella todas las impurezas y refuerce su vitalidad.

Protección de una casa

Una casa puede estar contaminada a través de muchas fuentes. En primer lugar, las ondas cósmicas y telúricas. En segundo lugar, las ondas emitidas por el pensamiento. Unas son el resultado de las voluntades premeditadas, pero la mayoría proceden de los pensamientos negativos. Existen también las emanaciones que se desprenden de yacimientos subterráneos de minerales o de cursos de agua.

Una parte de estas emanaciones puede anularse directamente o transmutarse a través del pensamiento y la palabra positivos o a través de dispositivos electromagnéticos. Es necesario alejarse de los demás y, en este caso, el supraconsciente aportará todas las indicaciones indispensables.

Espíritu infinito, haz que las energías favorables de la naturaleza saturen mi casa (o la casa de X) y alejen las ondas negativas para que todos los que viven en ella estén protegidos por las ondas y las formas inferiores de la vida.

Por otro lado, puede instalar una protección astral trazando alrededor de la casa, sobre todo delante de las aberturas, y saturando las paredes con la sustancia astral que usted imaginará que sale de la punta de sus dedos bajo forma de un vapor de color blanco intenso.

Protección de la familia

Muchos padres están preocupados por su progenie. Desde tiempos históricos, existe en este vasto mundo una cantidad innumerable de peligros. Son inseparables de la propia vida sobre la Tierra por razones espirituales demasiado complejas para ser tratadas aquí. Estas mismas razones determinan el destino de cada individuo. Incluso un bebé es ya un individuo. Nosotros sólo podemos ayudar a las personas que nos son queridas confiando en la providencia.

Espíritu infinito, guía y protege a mi familia, tanto de noche como de día, en todas sus actividades.

Para multiplicar el dinero

El dinero no es más que un medio de intercambio. No es ni bueno ni malo.

Sin embargo, podemos tener en nosotros prejuicios desfavorables hacia la riqueza o los ricos. Estos sentimientos negativos pueden llevarnos a dejar escapar las oportunidades o a dejar pasar de largo la suerte.

A través del espíritu infinito que está en mí, que este dinero sea beneficioso para mí, para mi familia, y para todos aquellos que lo tocarán, y que se multiplique sin cesar.

Para obtener una suma de dinero

Si usted necesita una cierta cantidad de dinero, anote claramente esta cifra en un pequeño papel.

Medite tranquilamente durante unos segundos como hemos indicado anteriormente. Mire el pedazo de papel durante un breve instante. Cierre los ojos (o no) mientras visiona la cantidad de dinero.

Repita mentalmente, hasta que se sienta totalmente relajado, la siguiente frase:

Tendré la cantidad de ... pesetas o más en mi cuenta bancaria.

La adquisición de un alojamiento

Un alojamiento ideal tiene que corresponder con su situación presente y futura, tanto en el ámbito personal como familiar y profesional.

Si usted se encuentra en una situación inestable —momento de ruptura familiar, evolución profesional, deseo de cambio—, es preferible dejar que sea el supraconsciente el que busque la mejor solución.

Espíritu infinito, condúceme hacia el alojamiento que me conviene perfectamente y que está situado en el lugar ideal en un entorno perfecto.

El trabajo

Si usted siente el deseo de trabajar, es porque existe un lugar para usted. Puede reivindicarlo sin miedo. No se trata de hacer cualquier cosa sino de tener una actividad que le convenga perfectamente.

Necesito un empleo. Quiero tenerlo ahora, por la gracia y los caminos perfectos.

La restauración del ser

La palabra de la Biblia que se ha traducido por *plegaria*, con una fuerte connotación de súplica y de incertidumbre, significaba en realidad «toma de conciencia del hecho de que el poder supremo que rige el universo reside también en cada uno de nosotros y que estamos unidos a esta omnipotencia». En este sentido, *rezar* es un sinónimo de *adorar*, y es de hecho una forma de meditación. Se trata de tomar conciencia del hecho de que el poder universal está en nosotros, en nuestro espíritu interior supraconsciente y de que nosotros estamos unidos a ese poder.

Rezar es comulgar con ese poder, hacer nuestras sus facultades trascendentes. No hay nada más útil para el hombre que entrar de forma regular en contacto con el ser infinito que es su yo profundo, su ser primordial y último. Nada puede serle real y durarle de forma provechosa si esto no procede de ese yo profundo que es su ser real. Se puede creer lo contrario si se consideran las cosas en conjunto, pero el juego complejo de la ley trascendente de compensación se encarga siempre de restablecer las cosas. Si esta ley se ignora de esta forma es porque se aplica lejos del tiempo ordinario, en varias reencarnaciones. Muy a menudo se oye decir: «Era un asesino o un ladrón, pero ha muerto rico y en su cama». Esta persona ha salido en un momento determinado de su línea negativa o ha sufrido un choque de retorno en otro campo —sentimental, familiar— o tendrá que sufrir algunos golpes en una próxima existencia.

113

¡Cuidado! La ley de compensación no tiene nada que ver con una recompensa cualquiera o un castigo aplicado por un ser, aunque sea superior, sino que es la simple consecuencia, la continuación natural de nuestros actos. Es el propio individuo el que se la ocasiona, tanto durante sus reencarnaciones como durante las distintas transiciones. Por lo tanto, no tiene ninguna posibilidad de escapar de ello. Cuando aprenden esto, la primera reacción de las personas es decir ¡qué lastima!, cuando en realidad es, al contrario, alentador saber que en cualquier momento podemos dar una nueva orientación a nuestra vida y escapar de un destino tan negativo. La meditación más eficaz que existe consiste en recordar el conjunto de facultades y de beneficios que se desea obtener. A continuación presentamos algunos ejemplos, pero usted puede encontrar otros que se adapten mejor a su caso:

— Soy una individualización del espíritu universal.
— Soy amor infinito.
— Soy bondad perfecta.
— Soy ciencia infinita.
— Soy conocimiento universal.
— Soy comprensión perfecta.
— Soy inteligencia universal.
— Soy sabiduría infinita.
— Soy fuerza sin límites.
— Soy energía inagotable.
— Soy potencia infinita.
— Soy poder absoluto.
— Soy tranquilidad perfecta.
— Soy calma absoluta.
— Soy equilibrio perfecto.
— Soy salud perfecta.
— Soy vitalidad ilimitada.
— Soy abundancia ilimitada.
— Soy riqueza inagotable.

Para una simple corrección del destino, para una persona

que en realidad no tiene problemas, se puede proceder de la misma forma con la lista de los principales deseos personales. Por ejemplo: *Soy arquitecto, Gano ocho millones de pesetas al año, Estoy felizmente casado, Viajo agradablemente por todo el mundo,* etcétera.

Todos tenemos deseos parecidos a estos; pueden referirse a lo material o a lo espiritual, a los sentimientos... Formularlos es el primer paso para conseguirlos.

Principios fundamentales de la vida

El destino

La vida humana, tanto la individual como la colectiva, está dirigida por el principio de la reencarnación y por la ley cósmica del karma (la ley de causa y efecto, en la que los efectos se convierten en causas) y su objetivo es escapar tanto del uno como de la otra.

De esta forma, cada uno de nosotros nace con una carga kármica, una tara negativa que ha constituido él mismo a lo largo de sus anteriores existencias, a través de sus pensamientos, de sus palabras y de sus actos, y que forma lo esencial de su destino. Tiene que soportarlas o anularlas a través de nuevos pensamientos, palabras y acciones positivas y constructivas. Este último punto es muy importante. Sólo se puede escapar del destino librándose del karma.

El estado de gracia

Como ya hemos visto con anterioridad, el mínimo deseo pone en marcha de forma automática la acción del poder creador que reside también en nuestro espíritu. Si no existe ningún obstáculo ni ninguna inhibición, esta acción alcanza siempre su objetivo. Por esta razón, personas que no están muy instruidas ni muy dotadas triunfan en todo aquello que emprenden; a menudo las buenas ocasiones aparecen sin que hayan hecho nada por provocarlas. Se dice entonces que tienen suerte o que han nacido con estrella. Algunas pueden actuar incluso a pesar del sentido común, arriesgarse de forma insensata y sin embargo triunfar en las mejores condiciones.

La suerte o la mala suerte pueden acompañar a una persona desde la infancia. Se puede nacer rico, guapo, con salud, inteligente, o al contrario, nacer enfermo, en un país en guerra, con problemas físicos, etc. Esto no es debido al azar, depende de la ley kármica. Dicho de otro modo, no es más que la consecuencia feliz o desgraciada de nuestros actos pasados, en esta existencia o en las anteriores.

Usted puede no sentirse atraído por lo que algunos consideran como una simple hipótesis, pero si tiene que deplorar problemas graves que no consigue resolver, es preferible reflexionar sobre ello. No sólo para el presente, sino también para el futuro, que será sin embargo algún día su presente.

No es nunca demasiado tarde para corregir un karma negativo. Aunque una persona sea ya mayor, todo lo que hace en este sentido le será provechoso desde su nuevo nacimiento.

Sin embargo, sea cual sea la importancia de su fuerza kármica, cada vez que una persona entra en el orden cósmico, comulgando con el espíritu infinito que hay en ella, todas las influencias negativas desaparecen de forma inmediata: se trata del estado de gracia. Los problemas se arreglan, las enfermedades se curan y todos los peligros desaparecen.

Los efectos de la ley de la gracia pueden ser parciales y limitados en el tiempo o completos y definitivos, según la comunión sea puntual o definitiva. De esta forma se explica el mandamiento de Jesús: «¡Vete y no peques más!». Lo ideal es reformar totalmente nuestra actitud, cambiar definitivamente en nuestros pensamientos, en nuestras palabras y en nuestros actos.

El consenso cósmico

La individualidad es una ilusión; la vida es una e indivisible. Seamos quien seamos, la compartimos de forma solidaria, no sólo

con todos los hombres sino también con todos los seres, animados e inanimados, cada uno a su manera, con una aplicación
compleja.

Sea cual sea nuestra personalidad, nuestro aislamiento ge-
ográfico, físico o psicológico, todo lo que hacemos, todo lo que
pensamos, todo lo que sentimos, etc., afecta a cada individualidad. Hasta tal punto que es prácticamente imposible saber quién
se encuentra al principio de un pensamiento o de una acción,
aunque estas se refieran a una persona en concreto.

La humanidad al completo se ve afectada por cada pensamiento y por cada acción y cada uno de nosotros está implicado
en todo lo que nos sucede a cada uno y a todos en general.

La mejor forma de hacer evolucionar la humanidad, un país
o un grupo es mejorarse a uno mismo.

La salud

Cuando miramos a nuestro alrededor, la enfermedad parece estar omnipresente. Esto es así hasta el punto de que es difícil para
la mayoría de las personas concebir que la salud es el estado natural del ser vivo. Los principios de la vida, biológicos y fisiológicos, son naturalmente curativos, positivos, constructivos y crea-
dores. Por muy increíble que pueda parecer, es más difícil estar
enfermo que estar sano en condiciones de vida normales.
Cuando una persona está gravemente enferma, le gustaría que la
enfermedad desapareciera de forma instantánea, pero por desgracia, la mayoría de las veces tarda varios años en llegar al estado en el que se encontraba antes. Se dice a menudo: «Estoy
enfermo desde hace dos días, un mes o un año», pero la mayoría
de las veces esta fecha no es más que la del día en el que la enfermedad ha sobrepasado el límite de resistencia del organismo.

En realidad, la enfermedad se remonta casi siempre a una
época anterior. El organismo podía entonces luchar contra su
forma benigna, pero al persistir las causas patógenas o las circunstancias agravantes, acaba por perder su eficacia. Es siempre
mucho más beneficioso prevenir que curar, a través de una hi-

giene mental, fisiológica, psicológica, alimentaria y física; sin embargo, cuando la enfermedad ha aparecido, la primera cosa que se tiene que hacer es recurrir a una técnica médica para poner remedio a los desórdenes más graves y aliviar los mecanismos de defensa. Pero, al mismo tiempo, es imperativamente necesario hacer que las causas de la enfermedad cesen cuando se conocen, y adoptar de nuevo las buenas costumbres.

Una vez dicho esto, si usted recurre a su espíritu interior, superconsciente, este puede dirigir el proceso de curación y restablecer las condiciones que determinan la salud.

El amor

Lo que normalmente recibe el nombre de *Amor* (con una A mayúscula) no es más que la expresión civilizada del instinto de vida, Eros. Existen en todo el mundo numerosos sistemas que codifican este instinto en el hombre, sin que se pueda decir que los unos o los otros son normales o anormales. Lo que es cierto es que la sofisticación de la vida social en los países avanzados es tal que el desfase entre el instinto natural y las convenciones son la causa de un gran número de males que sufren los hombres y las mujeres. Los principios morales sólo son la mayoría de las veces la institucionalización de los prejuicios del pasado.

La realidad es mucho más sencilla. Para tener el máximo de posibilidades de conseguir una unión satisfactoria, es necesario que se produzca el encuentro de dos personas entre las cuales exista un máximo de compatibilidades (de humor, sexuales, culturales, ideológicas, de objetivos sociales, etc.). Existen siempre diversas personas susceptibles de entenderse perfectamente, teniendo en cuenta los caracteres, los gustos, la situación del momento y los deseos de cada individuo.

Aunque las apariencias pueden hacer creer lo contrario, un acercamiento con una de ellas sólo es posible durante periodos más o menos breves, y es absolutamente imposible a otras, puesto que cada uno sigue su camino en la existencia y evoluciona por caminos distintos según el momento.

Este último punto es de una importancia capital. Millones de personas esperan a veces durante años a que la mujer o el hombre que aman decida casarse con ellas o divorciarse de su pareja. Enumeran muchas y excelentes razones para tener paciencia, pero la espera se prolonga a veces hasta la muerte. Esto puede proceder de un cierto masoquismo. Cuando una persona se beneficia de un tratamiento metafísico, la espera no puede exceder de siete semanas. Si en ese lapso de tiempo no tenemos un signo evidente que muestre que la situación evoluciona de forma positiva, es preferible renunciar a ello.

Sea quien sea el hombre o la mujer que le conviene perfectamente, allí donde esté él o ella, el espíritu infinito que está en cada uno de nosotros es perfectamente capaz de descubrir y provocar el acercamiento.

El dinero

El dinero no es más que el símbolo práctico de los bienes y de los servicios de los que pueden disponer las personas. El oro, la tierra, los servicios, los bienes que representa existen en grandes cantidades en la naturaleza y están a la libre disposición de todos y cada uno de nosotros.

Considerar el dinero como diabólico lo aleja de forma irresistible. No hay ningún mal en querer ser rico y vivir en la opulencia. El único error consiste en creer que esto sólo se puede hacer a expensas de los demás. No es que haga falta creer personalmente al pie de la letra todo lo que se desea; nuestro bien puede venir de los demás, pero se tiene que tratar de un intercambio justo, en un sentido más amplio, entre un individuo y los demás, siempre en el marco de un sistema de compensación.

El trabajo

El universo es un todo en el que cada individuo tiene su lugar y su función, que tiene en cuenta sus capacidades, sus gustos, sus necesidades y también su karma. Sólo en esta situación encontramos la paz y la satisfacción.

No existe ninguna razón cósmica para sufrir o hacer esfuerzos para merecer el pan que se come. Esta vía la preconizan algunas religiones, pero no se apoya en ninguna verdad fundamental. Los animales, considerados como menos evolucionados, menos nobles que el hombre, no trabajan; sin embargo, algunos de entre ellos comen cantidades increíbles cada día; algunos varias veces su peso. Algunos rechazan carne de una calidad excepcional de la que millones de personas no pueden ni siquiera adquirir cien gramos.

La humanidad, lo repito de nuevo, es una entidad colectiva cuyos miembros son solidarios. Cada uno tiene una función que llevar a cabo, al mismo tiempo para los demás y para él. Que algunos no trabajen no tiene ninguna importancia, puesto que el destino de los hombres es colectivo. Incluso el más ocioso de todos los hombres participa de forma ligera pero efectiva en la vida de la comunidad. Esto es tan cierto que los mayores realizadores, los hombres de negocios más importantes, no dudan en distribuir una buena parte de sus ganancias directamente o a través de diversas asociaciones y constatan que cuanto más dan más se enriquecen.

La forma más cómoda y tranquila de vivir consiste en acomodarse a las leyes cósmicas. Mantenga su pensamiento centrado en lo que es justo y constructivo y solicite de forma continua, incluso para los actos más ordinarios, la asistencia del espíritu infinito que se encuentra en usted. Él le guiará y le protegerá en todas las circunstancias de la vida. Si sus pensamientos, sus palabras y sus actos están inspirados por el amor infinito, todo irá bien para usted.

La ley de la compensación

Los elementos que constituyen la vida de un ser humano son numerosos, diversos y complejos, de tal forma que los hombres tienen problemas para tener en cuenta las cosas y sobre todo para comprender que todo está relacionado en su existencia y que ese lazo de unión es su propia persona. Existe entre todos los sectores de la existencia individual una estrecha correlación que hace que un elemento de un sector tenga consecuencias en otro sector, lo que hace que sea difícil descubrirlo. De esta forma, un problema profesional puede provocar una enfermedad física; una unión inadecuada puede provocar fracasos profesionales. Se tiene que destacar que si un estado de armonía se ve truncado, si un problema cualquiera persiste, son todos los sectores de la existencia los que acaban por sentirse afectados: el físico, la mente, la familia, el trabajo, el dinero, etc.

La ley de la compensación va todavía más lejos. Un bien adquirido a través de la fuerza, a través de la voluntad, a través de la lucha, etc., tiene que compensarse obligatoriamente por una pérdida equivalente o quizá peor. Todo lo que hacemos por o contra otros, de pensamiento, de palabra o con acciones, vuelve a nosotros de forma automática por caminos imprevisibles.

Construir el porvenir

El presente tiene sus raíces en el pasado cercano y lejano y el porvenir depende de lo que se hace en el presente. Todos los pensamientos, todas las palabras, todas las emociones y todos los sentimientos negativos tienen que ser del todo e inmediatamente anulados, borrados para que las buenas influencias puedan llegarnos, para que el plan perfecto de nuestro superconsciente pueda manifestarse. La mente, el cuerpo físico y todos los negocios de un hombre se pueden purificar instantáneamente y se pueden transformar a través de un pensamiento, una visión libre de la duda y del miedo. Esto puede hacerse en muy poco tiempo. La manifestación en el ámbito físico se hará siempre a su tiempo, es decir, en el momento más favorable.

El universo interior

El espíritu interior no se limita a la persona física. Actúa en el ámbito espiritual fuera del tiempo y del espacio, un nivel dirigido por la ley de la expansión. Todos podemos acceder a él de forma consciente, a través del pensamiento, y edificar en él un santuario, un mundo ideal, donde podamos dirigirnos en pocos segundos, allí donde estemos y encontrar la paz, el conocimiento, el amor, la belleza y la alegría.

Es suficiente sentarse con tranquilidad y respirar lentamente hasta sentirse relajado e imaginar el lugar al que nos queremos dirigir. Puede tratarse de un lugar que ya existe o totalmente imaginario, tanto en su aspecto físico como en lo que se refiere a su flora y su fauna. Usted puede *invitar* en él a quien quiera, a los hombres y a las mujeres del presente, del pasado o de otra parte: los seres más entendidos en cualquier campo de la ciencia y de las artes que existan.

Las primeras veces usted puede tener la impresión de que no pasa nada; sin embargo, si usted sigue bien el proceso que hemos aconsejado anteriormente, obtendrá siempre las ventajas buscadas, como la paz del espíritu, la intuición, las informaciones que necesita. O le impulsará a hacer naturalmente lo que sea indispensable para conseguirlo.

Últimos consejos

Recuerde que todos sus pensamientos, todas sus palabras y todas sus acciones del presente son las semillas de su futuro. Tendrán obligatoriamente consecuencias para usted. Por lo tanto, tiene que ser positivo y optimista. Su estado, su situación, sus condiciones de vida pueden mejorarse más allá de cualquier esperanza. Elimine inmediatamente de su espíritu todos los pensamientos mórbidos, tristes, angustiosos que pueden asaltarle. Evite todas las situaciones y todas las personas que pueden hacerle perder la calma. Renuncie a las discusiones, a las peleas y a los espectáculos violentos. Rechace en sus conversaciones todas las pequeñas frases de limitación, de desprecio, de crítica y de desarmonía tanto para usted como para los demás. Son veneno puro. Al contrario, diga a menudo frases como estas: «Yo no estoy nunca enfermo», «Tengo una salud de hierro», «Acabo siempre lo que empiezo», «Tengo éxito en todo lo que hago», «No me aburro nunca», «Duermo siempre muy bien», «Me despierto siempre descansado y dispuesto a todo», «Sólo atraigo a personas positivas e interesantes», «Tengo mucha suerte», «Todavía soy joven», «Sé siempre todo lo que tengo que saber»...

Aunque esto no se corresponda con la verdad actual, lo hará un día, puede estar seguro de ello. Continúe repitiendo estas afirmaciones sin parar hasta que se hagan efectivas. Deje de pensar en exceso en sus problemas. Aunque todavía estén presentes, no son más que los restos de un pasado que definitivamente ha caducado. Piense sólo en que las cosas están empezando a arreglarse de la mejor forma para sus intereses. Deje de pensar en ellos y, sobre todo, de hablar de ellos para no darles más fuerza de la que ya tienen.

Debe tener confianza en su futuro. Las cosas pueden transformarse de forma radical. No tenga nunca miedo de nada ni de nadie. No se deje impresionar por las circunstancias, por muy catastróficas que puedan parecer.

Nada ni nadie, ningún microbio tiene suficiente poder sobre usted. El conjunto de su psiquismo y de su organismo está concebido para ayudarle a afrontar y solucionar todos los problemas y curar todas las enfermedades que pueden aparecer, sean físicas, sociales, profesionales, materiales, sentimentales, benignas o graves.

Repítase sin cesar: «Mi cuerpo y mi espíritu reaccionan para permitirme superar todos los problemas que se me presentan».

Recuerde que no se obtiene nada sin una acción personal. Empiece ayudándose usted mismo utilizando todos los medios ordinarios de que dispone. ¡Reaccione! Nadie hará en su lugar lo que tiene que hacer usted mismo. No huya de sus obligaciones. Enfréntese a sus problemas, aunque esto le angustie y se dará cuenta de que las circunstancias no son nunca tan catastróficas como cree. No son más que sombras sin importancia, ilusiones.

No permita que los pequeños problemas le envenenen la existencia. Tiene que solucionarlos enseguida. Haga las pequeñas cosas que va dejando por negligencia.

No renuncie nunca a nada. No acepte nunca el fracaso. Las cosas pueden arreglarse de un momento a otro, aunque no haya ningún signo que lo anuncie. Sería una pena renunciar antes. Persevere tranquilamente hasta alcanzar el éxito. Nada es nunca irremediable. Si se desea ardientemente y con fervor triunfar, el éxito está asegurado.

Tenga paciencia y sea perseverante. Sería muy triste decir luego: «Podría haber sido distinto», «Si lo hubiera sabido antes...» o «Hubiera tenido que probar». Siga estos consejos. Piense en ellos lo más a menudo que pueda.

Tercera parte

INFLUIR EN LOS DEMÁS

El arte de la sugestión

¿Qué es la sugestión?

La sugestión es el arte de imponer una idea, un sentimiento, una emoción, una acción a una persona hasta que se consigue que la realice. Esta última precisión es muy importante puesto que, como ya hemos visto, cualquier idea expresada —de forma oral, mental o material— tanto si se produce a través de una palabra, como de una imagen o de un símbolo, constituye de hecho una sugestión que provoca automáticamente un inicio de acción en la persona que la recibe.

La mayoría de las personas creen que son dueñas de sus pensamientos y de ellas mismas, pero no es así. Por ejemplo, cuando vemos a una persona, una cosa o un lugar, nuestro psiquismo nos presenta de forma automática las informaciones referentes a esa persona.

De esta forma, cuando pasamos por un sitio en el que ha tenido lugar un acontecimiento trágico, podemos recordarlo, a veces durante toda nuestra existencia.

A través de la asociación de ideas, cualquier gesto, cualquier mirada, cualquier palabra, cualquier imagen, etc., constituye una sugestión. Cuando escuchamos a un interlocutor, diga lo que diga, cada palabra, cada idea, es una sugestión en potencia que, cuando encuentra un terreno favorable, una resonancia, actúa de forma tan irresistible como inconsciente es su acción.

Cualquier sugestión aceptada por el subconsciente tiende a transformarse en acto muy rápidamente porque corresponde a la forma de ser, a las preocupaciones del sujeto y se repite a menudo en la conciencia. El paso al acto está condicionado sólo por la correspondencia de la sugestión con la forma de ser, el temperamento y las necesidades del sujeto.

Si usted quiere sugerir a alguien que compre un helado, esto no presenta ninguna dificultad. La sugestión en sí misma dura entre unos segundos y dos minutos. Desde ese estricto punto de vista, el éxito es inmediato y absoluto. La continuación depende únicamente del sujeto. Si le gustan los helados y puede conseguirlos, si hay un vendedor al lado y tiene dinero para comprarlo, la reacción puede ser inmediata. En los minutos siguientes se comerá un helado con toda seguridad.

En cambio, si le gustan los helados, pero no puede conseguir uno de forma inmediata por diversas razones —no hay un vendedor cerca, no tiene dinero, etc.— la acción se aplazará. En cuanto pueda se comerá un helado tal como usted se lo ha sugerido. Si al sujeto no le gustan para nada los helados, la sugestión será igualmente eficaz. Se dará cuenta más o menos conscientemente del deseo de comer un helado, pero no pasará al acto puesto que su rechazo es más fuerte. En cambio, si usted insiste durante bastante tiempo, el necesario, repitiendo la sugestión cada día, el deseo aumentará de forma progresiva hasta el momento en el que será más fuerte que el rechazo y el sujeto se comerá un helado.

La receptividad

La acción de la sugestión es más rápida y total cuanto más receptivo sea el individuo. Diversas causas naturales aumentan la receptividad: la pasividad mental, el cansancio y la enfermedad. Se puede aumentar todavía más la receptividad a través de maniobras específicas que tienen como objetivo disminuir la vigilancia del sujeto: la fascinación, el embellecimiento, la emoción, el miedo, etc.

Todo el mundo es sensible más o menos a estas diversas maniobras que constituyen las armas esenciales de los publicistas.

Basta presentar con un nuevo envoltorio más atractivo un producto que nadie compraba antes para que las ventas aumenten de forma espectacular. El presentador de radio o de televisión que tiene una voz que gusta puede decir cosas banales durante horas ante un auditorio encantado. Hemos visto a víctimas que no han puesto ninguna denuncia contra timadores educados y simpáticos.

La credulidad

Cuando una persona pierde la costumbre de ejercer su voluntad y su libre albedrío, estos se debilitan y desaparecen y la persona está en ese momento preparada para aceptar la primera sugestión que se presente. Este fenómeno, más corriente de lo que se cree, es lo que ha dado pie a las tradiciones, a las ceremonias y a los ritos. Cuando un celebrante hace que se arrodillen, que se sienten o que se levanten los asistentes; cuando un charlatán hace levantar la mano, retroceder o avanzar a los potenciales compradores o a los simples mirones; cuando el cantante hace que el público cante a coro su canción; cuando el animador de un club de vacaciones hace participar a los turistas en los juegos, tanto unos como otros toman el control de todos los que les obedecen. Los condicionan. Se ve muy claro por el entusiasmo de los participantes que esto actúa como una droga en su cerebro. De hecho es lo que sucede.

Estas distintas maniobras provocan la secreción de sustancias que, aunque son naturales, no son inferiores a potentes neurolépticos. Incluso la angustia sufrida ante la pantalla del televisor cuando el adversario se acerca a la portería de nuestro equipo favorito se transforma en una dosis de adrenalina que tiene verdaderos efectos sobre nuestro comportamiento. No es sólo por la belleza del juego por lo que los espectadores se muestran tan entusiasmados sino porque acaban sintiendo la necesidad de la *dosis* destilada por las delicias y los deseos de la ansiedad. Las situaciones rutinarias también tienen efectos análogos sobre el sistema nervioso.

Esta es la razón por la que la mayoría de las personas se hallan, sin darse cuenta, en un constante estado de credulidad. Esto puede parecerle un poco exagerado, pero es en realidad la verdad. Podrá obtener usted mismo la prueba sugiriendo alguna acción realizable a alguien que usted conoce para poder controlar los efectos. Verá usted que esta persona podrá darle razones válidas para realizar el acto que usted le ha sugerido.

La resistencia a la sugestión

Contrariamente a lo que creen la mayoría de las personas, la resistencia a la sugestión no depende ni de la inteligencia ni del grado de instrucción y todavía menos de la voluntad. Oímos a personas que dicen: «Yo no soy cualquiera, nadie me puede influir». Pero la persona que habla de esta forma añade a menudo que, en su trato con tal director o personaje más o menos bien colocado, no se ha dejado intimidar, con lo que demuestra que era sensible a la diferencia de *status*, es decir, que ya sufría una cierta influencia.

Nadie está protegido contra la influencia del mundo exterior. Se trata también de una condición esencial de la vida social. Todos los seres vivos forman una comunidad estrechamente solidaria en la que existe una interacción permanente. Todos recibimos informaciones, sugestiones que nos vienen de los demás (individuos o colectividades). No se trata en este caso de una simple suposición.

Los sabios que trabajan en secreto en países distintos llegan al mismo resultado prácticamente al mismo tiempo. Un escritor decide escribir en secreto una novela; nadie está al corriente, pero en cuanto envía su manuscrito a un editor, sucede a menudo que el editor ha recibido en poco tiempo varios manuscritos sobre el mismo tema, a veces prácticamente la misma novela. Después de publicar su libro, el novelista recibe correo de personas desconocidas que le dicen que se trata de la historia de su vida. Los lugares, las edades, los nombres coinciden a veces con una precisión sorprendente.

La sugestión verbal

La primera arma de la sugestión es la palabra, puesto que penetra inmediatamente en el propio corazón del psiquismo, en particular en el subconsciente y en el inconsciente, allí donde en realidad se desarrollará hasta llegar a su manifestación.

La sugestión verbal es la herramienta principal de la hipnosis. Evidentemente, todo el mundo conoce las manifestaciones más espectaculares como el sonambulismo, pero se pueden sugerir todos los actos, todas las emociones, todos los sentimientos de la vida de cada día, e incluso los más excepcionales.

Para adormecer a un sujeto, por ejemplo, basta describir simplemente lo que se siente mientras nos adormecemos normalmente: cansancio, relajación, pesadez del cuerpo, sensación de arena en los ojos, párpados pesados, torpeza, desaparición de los ruidos exteriores, etc. No hace falta preocuparse de lo que piensa el sujeto en cuestión, es a su subconsciente al que nos dirigimos. Cuando la sugestión llega al subconsciente, este reproduce inmediatamente los síntomas descritos y lo hace con rapidez porque el sujeto no opone la más mínima resistencia. También es necesario señalar que, incluso en ese caso, si el operador sigue tranquilamente el proceso, el sueño puede como mínimo llegar, pero al final en un plazo más largo. De la misma forma, usted puede provocar cualquier otro fenómeno en la mayoría de personas.

Las personas menos estructuradas y las que no ejercen su voluntad permanecen continuamente bajo la influencia de los demás.

La palabra tiene que controlarse bien y emitirse a través de formas particulares. Un tono determinado y fuerte o, al contrario, lento y monótono, acompañado de una buena articulación, subyuga al espíritu y lo priva de toda resistencia. Sin embargo, vemos a menudo a personas que no sólo no presentan ninguna de estas cualidades sino que incluso pueden estar llenos de defectos que ejercen una influencia innegable en las personas que los escuchan, tanto si son profesionales de la radio y de la televisión, como actores o simples ciudadanos.

¿Cómo hacer irresistible su sugestión verbal?

La sugestión verbal puede ser prácticamente irresistible si consigue bloquear la defensa del interlocutor, aunque sólo sea durante un breve periodo de tiempo. Para ello basta pensar sólo en lo que usted está diciendo. No en el sentido de las frases, sino más sencillamente en las palabras que pronuncia. Ahí está todo el secreto de aquellos que —sobre todo entre los actores— se dice que tienen *presencia*, magnetismo.

En la vida diaria, los que son habitualmente muy conscientes de ellos mismos y de lo que hacen, poseen naturalmente esta fuerza, este magnetismo que les da un ascendente natural sobre todas las personas que encuentran, incluso sobre sus superiores jerárquicos.

Evidentemente, no es indispensable estar todo el tiempo concentrado. Basta actuar de esta forma cuando desee ser visto por una o varias personas o cuando quiera hacer una sugerencia más precisa. No hace falta preocuparse para nada de lo que piensan o pensaban esas personas hasta ese momento. Si actúa de esta forma, se sorprenderá al comprobar una ligera reacción por parte de sus *cobayas*: como una sorpresa.

Inspirar confianza

La persona que quiere obtener algo de alguien, más allá de cualquier autoridad oficial u otros medios de presión, tiene que demostrarle que tiene ganas de actuar por sí mismo.

Ante todo tiene que inspirarle confianza, a través de su actitud, de sus maneras y su puesta en escena, pero también a través de un estado de espíritu de benevolencia. Su actitud tiene que ser digna y reservada, pero al mismo tiempo abierta y sin rigidez. Sus maneras, controladas y tranquilas. Tiene que escuchar sobre todo al otro y decir sólo lo que es indispensable para obtener el objetivo perseguido. Paradójicamente, el que da la impresión de escuchar es percibido por su interlocutor como alguien que *habla* bien, que tiene conversación, simplemente porque la mayoría de las personas sólo se preocupan de sí mismas. Incluso los que parecen ocuparse de los demás sólo lo hacen para satisfacer su propio ego.

Tiene que intentar mostrar por todos los medios a la persona de la que usted espera algo que usted se interesa por ella. ¡Escúchela! Felicítela por lo que ha hecho, por lo que tiene, por lo que le interesa. Pregúntele acerca de sus hijos, de su perro, etc. Evite cualquier observación o crítica negativa; no sólo sobre él, sino también y sobre todo acerca de otras personas presentes o ausentes —sean públicas o privadas— así como sobre la religión o la política, o cualquier otro tema delicado aunque sea su propio interlocutor el que le lleve hacia esos temas.

La presentación es una ayuda que no se tiene que descartar. La ropa sencilla y limpia puede ser suficiente en la mayoría de los casos, incluso con personas excéntricas y con los marginados. Entre los representantes de comercio que venden de puerta en puerta, los que se visten de esta forma entran con más facilidad en casa de los marginados que los que se visten como ellos.

El control

Cuando se quiere influir en una persona, hacer que actúe o que reaccione de una manera determinada, se tiene que empezar por tomar el control de su sensibilidad y la dirección de su mente. Para ello basta preguntarle o sugerirle cosas que encajen con su forma de ser, con su placer o con sus intereses. Las palabras que evocan emociones negativas provocan reacciones irracionales. El hipnotizador que dice a su sujeto: «No tenga miedo, estoy detrás de usted» hace que este piense que va a caerse hacia atrás. Al contrario, proposiciones alegres, apacibles y positivas abren el espíritu del interlocutor y lo predisponen de forma eficaz para recibir sus sugestiones. La sugestión es natural, constituye uno de los mecanismos de la actividad humana. Por lo tanto, no hay nada malo en el hecho de utilizarla si sus motivaciones están basadas en el amor y en el respeto a los demás. Es conveniente seguir de forma particular la regla de oro que consiste en no hacer a los demás lo que no nos gustaría que nos hicieran.

La mirada magnética

Se habla a menudo de la fascinación que se ejerce con la mirada, pero si se quiere obtener algo de una persona que no es ni un amigo ni un subalterno, y lo miramos abiertamente, existen muchas posibilidades de que encuentre ese gesto como algo inconveniente, incluso molesto. Si piensa que intenta influirle reaccionará de forma automática.

Para que sea realmente eficaz, la mirada magnética tiene que aplicarse a expensas del sujeto. Cuando se quiere impresionar a una persona de forma duradera, no debemos dejar que perciba nuestra maniobra. Aproveche un momento en el que ella no le mire. Gire su mirada hacia ella sin mirar a un punto en particular, como si su mirada la atravesara. Abra ligeramente los ojos más de lo normal, pero sin forzar. Al hacer esto, usted libera un rayo de energía electromagnética que facilita la transmisión del mensaje que le quiere hacer pasar, o simplemente algo de su forma de ser que impregnará su psiquismo y actuará en ella desde el interior. Sea cual sea el momento en el que tenga la ocasión de acercarse a ella, su acción secreta ya habrá preparado el terreno y la persona en cuestión entrará de forma automática en el proceso.

En ese momento no debe preocuparse nunca por el comportamiento de su sujeto. La diversidad de los temperamentos humanos es tal que es imposible saber cómo reaccionará cada uno. Además, las personas que en ese momento están muy preocupadas por algún acontecimiento de la vida o que se encuentran bajo la influencia de emociones fuertes, pueden parecer refractarias y no reaccionar como se espera de ellas.

La sugestión mental

La sugestión puede realizarse sin recurrir a ningún apoyo externo, actuando en el interior de uno mismo. A través del pensamiento o a través de la imaginación.

Ya hemos visto anteriormente que la personalidad humana comprende varios compartimientos que trabajan en colaboración o en oposición, a veces en conflicto. Estos mismos conflictos se encuentran ampliados en las relaciones humanas. En cambio, en las relaciones telepsíquicas no existe ninguna barrera. Usted puede comunicarse con cualquiera sin la menor dificultad. En realidad, la comunicación entre los espíritus interiores de los hombres es permanente, tal como acabamos de ver. Para que la sugestión mental sea eficaz, necesita esencialmente dos armas que tendrá que experimentar sin esperar más.

La identificación

Manteniendo los ojos abiertos —es preferible, pero también puede cerrarlos si con ello se siente más cómodo—, piense en una persona que usted conoce. Puede tratarse de un familiar o un actor o cualquier otra personalidad pública.

Imagine que esta persona se encuentra delante de usted. Deje que su imagen se forme por sí sola.

Permita que penetre suavemente en usted de tal manera que su imagen se mezcle con la suya y la sustituya.

Tiene que sentir, a través de una vivencia interior, que se convierte en esta persona, que usted es esta persona *(introyección*)*.

Para perfeccionar este sentimiento íntimo, puede completar esta identificación con el resto del cuerpo. Si es usted un hombre y se identifica con una mujer, usted podrá sentir la presencia de los senos, por ejemplo.

Ahora usted es ya completamente esa persona.

Acaba de realizar un ejercicio de identificación. Toda esta operación no dura más de un minuto, dos como máximo. Cuando usted se identifica con una persona, entra en contacto con ella inmediatamente, está en comunión con ella. Lo que usted piensa y siente entonces se integra de forma automática con su ser, su cuerpo y su psiquismo. Sin embargo, para constituir una verdadera sugestión necesita ir acompañada de energía.

137

La abolición de la distancia

Lo ideal para la sugestión es que la persona en la que se quiere influir se encuentre físicamente presente. Esto facilita la tarea; sin embargo, la distancia no existe en el ámbito espiritual. Todo está por todas partes. Cuando usted trabaja a distancia, tanto si se encuentra a cien metros como a varias decenas, incluso a centenares de kilómetros de usted, el principio es el mismo que si la persona está cerca de usted. La distancia no tiene ningún efecto sobre el proceso. Sólo cambia una cosa y es que, al no ver a esta persona, lo que determina un contacto inmediato, tiene que realizar una pequeña gimnasia mental ayudándose de una fotografía o de su memoria para visualizarla. Sin embargo, se dará cuenta con la práctica que cuanto más alto es el nivel de acción no es necesario visualizar, ni siquiera conocer al sujeto. Todo transcurre entonces en el ámbito de la supraconciencia. Usted podrá actuar perfectamente sobre una persona de la que no tiene ninguna fotografía y de la que no conoce ni el nombre ni el lugar de residencia. Esto puede ser muy útil para eliminar la malevolencia de fuente desconocida, por ejemplo.

Es necesario tener siempre presente que a partir del momento en el que usted piensa en alguien o en algo, cuando lo ve con los ojos del espíritu, entra en contacto de forma automática con aquella persona o con aquello en lo que piensa. No se trata sólo de un efecto de la imaginación; existe realmente entre usted y esta persona una interconexión análoga a la que las neuronas tejen entre ellas, inmaterial, más débil, pero mucho más eficaz. Esta conexión interactiva, que proviene al mismo tiempo del centro de la frente y de la parte trasera de la cabeza, permite un intercambio constante de información entre los seres.

De esta forma, cuando se encuentra con un desconocido, su espíritu subconsciente sabe absolutamente todo lo que se refiere a él: su fecha de nacimiento, su nombre, su edad, sus intenciones, etc., e incluso, hasta un cierto punto, su devenir. Es completamente normal, y también una suerte, que todas estas informaciones sean siempre subconscientes. Por un lado, la gran mayoría de ellas no tiene ningún interés inmediato; por otro, la mente se sentiría demasiado llena si todo fuera consciente. En cambio, participan en todos los niveles de nuestra existencia. Son ellas los que provocan sentimientos como la simpatía o la antipatía que sentimos por las personas. Estas informaciones están disponibles para todos, pero pocas personas lo saben y conocen todavía menos las técnicas, como la radioestesia, que permite profundizar en este inmenso depósito.

Cuando se trabaja a distancia, sobre una persona que se encuentra en otro lugar, fuera del campo visual, no es necesario que la imagen mental sea de una gran precisión, aunque con la experiencia usted será capaz rápidamente de obtener imágenes casi fotográficas. Esto podrá incluso ir más lejos; detalles desconocidos referentes a la persona o al lugar en el que se encuentra podrán revelarse en esta ocasión, demostrando de esta forma que su facultad de percepción extrasensorial aumenta. En todos los casos podrá ayudarse siempre de una fotografía. Si usted conoce bien a la persona no necesitará ayuda de ningún tipo. Lo más importante es no olvidar que a partir del momento en el que usted piensa en alguien o, mejor todavía, que lo ve con los ojos del espíritu, entra inmediatamente en contacto con él. En realidad, un doble astral de usted mismo se traslada al lado de esta persona y trabaja por lo tanto a distancia visual. Se trata sólo de una simple suposición. Cuando un médium describe un acontecimiento que está a punto de ocurrir en Moscú, él se encuentra realmente en espíritu, y cuando le planteamos inmediatamente después una pregunta sobre Río de Janeiro, se produce una verdadera distorsión de su cuerpo astral. Antes que nada es necesario hacerle volver y sugerirle un poco de descanso, y a continuación plantearle una nueva pregunta referente a otro lugar. Sólo necesita unos segundos, pero saltarse esta precaución elemental tiene consecuencias desastrosas en muchos médiums que tienen un sistema nervioso particularmente delicado. Para ciertos operadores entrenados o en algunas circunstancias, este transporte se puede realizar con toda conciencia. Hay personas que pueden sufrir un desdoblamiento, sentirse físicamente ante el sujeto, incluso ver el lugar donde se encuentra.

La preparación para la acción

La falta de preparación es la principal causa del fracaso. La primera cosa que se tiene que hacer es determinar con cuidado el objetivo de la acción así como todas sus fases. Es preferible dejar a la sugestión el máximo de caminos para que pueda expresarse con toda seguridad. Es necesario formularla de forma precisa y concisa, respetando al máximo la forma de ser y las preocupaciones del sujeto.

La toma de contacto

Todo el principio descansa sobre el hecho de que la frase que ha preparado sin ningún adorno se instalará directamente en el psiquismo del sujeto y actuará por lo tanto desde el interior como si viniera de sí mismo.

Para actuar sobre una persona a distancia es primordial empezar estableciendo un contacto con esta persona. Presentamos a continuación la forma en la que se tiene que actuar.

1. *Si conoce a la persona*

— Pronuncie su nombre en voz baja (lo mejor es hablar efectivamente, pero sin emitir ningún sonido).
— Piense en la frase siguiente: «Deseo entrar en contacto con tal persona».
— Esto hará aparecer de forma automática la imagen de esta persona ante sus ojos. Deje que se perfile por sí sola durante uno o dos minutos como máximo. Con el tiempo, sentirá de forma intuitiva el momento en el que el contacto se habrá establecido.

2. *Si no conoce a la persona*

— Consiga una fotografía. Un simple retrato es suficiente.
— Pase lentamente sus dedos sobre la fotografía.
— Pronuncie su nombre dos o tres veces en voz baja.

— Concéntrese en su cara para familiarizarse con ella.
— Cuando sienta que el contacto se ha establecido, cierre los ojos y continúe observando su cara en la pantalla con los párpados cerrados.
— Guarde esta imagen delante de usted.

Con el tiempo, estos periodos se reducirán considerablemente, incluso serán inútiles, pero al principio no puede saltarse el contacto, es indispensable.

Primera técnica

Tanto si el sujeto se encuentra cerca como si está lejos, usted se dirige a su espíritu interior y no a su mente. Por lo tanto, no intente convencerlo, tiene que conformarse simplemente con *recitar* su sugestión.

Repítala durante dos o tres minutos, tranquilamente, lentamente, pensando en las palabras que pronuncia sin intentar saber si llega hasta el sujeto.

Segunda técnica

Imagine que el sujeto se encuentra ante usted normalmente y que usted ve la sugestión como si estuviera escrita sobre una cinta de materia espiritual que penetra en el interior de la cabeza del sujeto, en el centro de su sensibilidad, a la altura de la frente. Por lo tanto, es indispensable que esta frase sea corta y clara.

Tercera técnica

Imagínese al sujeto delante de usted. Le ve perfectamente. Al cabo de pocos segundos sentirá que es usted esa persona, como si las dos imágenes se fusionaran. De forma progresiva, esta persona entra en usted o usted entra en ella. El movimiento se puede hacer tanto en un sentido como en el otro. Tiene que tomarse su tiempo, un minuto o dos, para imaginar que usted es esa persona. Esto no tiene que ser sólo un sentimiento abstracto, sino una verdadera sensación física. Usted tiene que sentir bien el cuerpo que ocupa ahora.

Para ello le basta sentir el deseo de hacer lo que usted anhela que el sujeto haga durante uno o dos minutos.

Algunas aplicaciones prácticas de la sugestión mental

Hacer que una persona realice un acto determinado

¡Cuidado! Si usted siente la tentación de utilizar estos poderes con seres débiles, no debe olvidar que nada de lo que podría herirles, perjudicarles o hundirles puede serle provechoso. En caso de duda, lo mejor es abstenerse.

Hay muchas cosas que le gustaría que hicieran los unos o los otros, evidentemente todo de forma legal, pero por diversas razones (la negligencia, la mala voluntad, la ignorancia, etc.), un buen grupo de cosas que usted espera no llegan nunca. Acosar a una persona directamente o por teléfono puede ser algo delicado, a veces imposible teniendo en cuenta su calidad o su función.

Algunas personas que tienen un carácter testarudo o que tienen un espíritu de contradicción fuerte hacen a veces de forma sistemática lo contrario de lo que es necesario que hagan. En todos esos casos y en muchos otros, basta a veces una breve acción psíquica para obtener un resultado que es imposible obtener por otros caminos.

Se dará cuenta enseguida de que algunos familiares, a los que no consigue convencer con la argumentación verbal, harán exactamente lo que usted desee, anticipándose a sus deseos antes de que usted les haya hablado de ellos. También puede realizar, para entrenarse, pequeñas experiencias divertidas de *persuasión** empujando a unos o a otros a realizar algunas acciones significativas.

La curación espiritual

El famoso curandero americano Edgar Cayce (nacido en el año 1877 en Hopkinsville en Kentuky, y muerto en el año 1945) curó a muchos enfermos haciendo diagnósticos y prescribiendo medicamentos en estado de trance. Algunas veces, daba los mismos medicamentos que los prescritos por el médico y, aunque no hubieran tenido ningún efecto sobre el paciente antes, cuando se los prescribía Cayce el enfermo se curaba rápidamente.

Un relojero de los Estados Unidos, Phineas Quimby, había hecho la misma constatación. Trabajaba en ese momento con el médium Lucius Bukmar, que lo dormía. Se dio cuenta de que los medicamentos prescritos por Lucius daban resultados positivos mientras que los otros, prescritos por un médico, no habían tenido ningún efecto. Cuando ya todo el mundo lo conocía, se dio cuenta que no necesitaba ni al médium ni prescribir medicamentos para obtener resultados satisfactorios. Concluyó que el proceso de curación se debía principalmente a la confianza del enfermo en la persona que le ayudaba, médico, médium u otro. Mary Eddy fue a ver a Quimby en su consulta de Portland prácticamente inválida y salió de allí curada. Este acontecimiento le llevó a establecer las bases de su propia filosofía, a la que añadió elementos del pensamiento fundamentalista para crear el movimiento que llamó la *Ciencia cristiana*. Quimby era agnóstico.

El organismo posee sus propios mecanismos de defensa y son tantos y tan eficaces que se pueden considerar todas las enfermedades e incluso los accidentes como consecuencia de un descenso de estos mecanismos de origen psíquico.

Sea cual sea la enfermedad, sea cual sea el sistema empleado para ayudar a un enfermo, el subconsciente puede vencer cualquier afección, cualquier lesión (celular, tisular u orgánica), traumatismo o desorden, si se obtiene su colaboración. Es precisamente este el objetivo del tratamiento metafísico. También es necesario que el enfermo quiera realmente conseguirlo y posea todavía suficiente energía vital para actuar.

Puede ayudarse con una fotografía o con el nombre de una persona; sin embargo, tal como hemos visto, no hay nada desconocido para el espíritu infinito; aunque no conozca ni el nombre ni el lugar en el que se encuentra, la supraconciencia lo sabe. Usted puede ayudar por ejemplo a un herido desconocido o a un accidentado de la carretera.

Tanto si se trata de un caso benigno como de uno grave, se tiene que realizar la acción curativa en un estado de espíritu simplemente de confianza, ni muy ligero ni muy pesado.

Pueden existir para algunos enfermos causas kármicas que hacen que la curación sea imposible, pero usted no puede juzgar. Si la persona que trata al enfermo está movida por un amor potente hacia el enfermo, esto puede serle saludable. Pero cuidado, tiene que evitar tomar en usted el karma de otra persona porque no es siempre una solución. No se debe ocupar ni de la naturaleza ni de la gravedad de la afección que sufre el enfermo. Así pues, nada de diagnóstico. No se trata de tratar a la enfermedad sino al enfermo. Los diagnósticos —y evidentemente los tratamientos médicos— sólo puede llevarlos a cabo un médico, y es sólo con él con quien el paciente tiene que discutir sobre la estrategia médica.

Técnica de ayuda a la curación

— Relájese.
— Piense en la persona enferma. Repita mentalmente su nombre dos o tres veces. Si no le conoce, diga el de la persona que le ha pedido ayuda. Sea como sea, el espíritu infinito que está en usted lo sabe.
— Piense que la potencia curativa del universo, el principio de la vida, reside en usted.
— Esfuércese en sentir el orden, la paz, la armonía, la salud, la prosperidad, la opulencia, la alegría de vivir en usted mismo. Tiene que curarse a sí mismo de cualquier idea de enfermedad, de desarmonía.
— En el momento en el que usted alcanza un estado de paz y de alegría interior significa que su acción ha tenido éxito.
— Deténgase y decrete con seguridad que X (el enfermo) está curado.

145

— Puede, si el estado del enfermo es crítico, empezar de nuevo esta acción varias veces durante el día o varios días seguidos, hasta que su estado se estabilice.

Otros métodos para ayudar a la curación

— Mire intensamente la foto de X hasta que se impregne de ella.
— Cierre los ojos (también puede dejarlos abiertos) y represéntese mentalmente al enfermo, lo más claro posible. Represéntelo completamente sano.
— Repita mentalmente: «X, ya estás curado».
— Repita esto unos quince minutos por la mañana y por la noche.
— Si el enfermo es muy religioso puede decirle: «X, Dios o Jesús te han curado». Se trata sólo de un ejemplo, se puede utilizar cualquier otro personaje en el que usted o el enfermo crea.

Otra fórmula: *Espíritu infinito que estás en mí, que tu energía sanadora se transfiera a través de mí en X. Que terminen sus sufrimientos y que se restablezca la salud en su cuerpo y en su espíritu.*

Si usted sabe qué órgano está enfermo o si dispone de un mínimo de conocimientos anatómicos, puede realizar lo siguiente:

— Represéntese mentalmente a X de la forma más precisa posible, ayudándose si es necesario de una fotografía.
— Concentre su atención en la región enferma. Si se trata de un órgano interno, imagine que usted lo ve a través de la piel, pero en perfecto estado.
— Repita mentalmente durante unos quince minutos: «X, tu hígado (o cualquier otro órgano) está curado».

También puede simplemente actuar según la técnica general de sugestión indicada anteriormente y repetir tranquilamente: *El espíritu infinito que está en mí me cura ahora.*

Desencadenar el amor

— Visualice a la persona que quiere que le(a) ame.
— Emita el mensaje siguiente: «X está enamorado(a) de Y».
— Proyecte el mensaje en el interior de la cabeza de X imaginando que penetra a través del centro de su frente.

Reanimar el afecto

— Visualice a Y.
— Emita el mensaje proyectando la imagen de X hacia Y: «Y, estás enamorado(a) de X».
— Insista.

Las bazas del éxito de la acción psíquica

Como para todas las actividades humanas, el éxito está asegurado desde el momento en que nos sentimos animados por un deseo ardiente de obtener el resultado. Si insiste, se convencerá rápidamente de su capacidad de influir en los demás.

De todos modos, no es necesario que los demás sientan conscientemente una influencia. Es siempre preferible que crean actuar por sí mismos. ¡Persevere!

Incluso cuando trabaja usted a distancia no debe descuidar, siempre que sea posible, todos los elementos que favorecen la sugestión directa. Por lo menos mentalmente, adopte una actitud correcta, en relación con la persona en la que quiere influir. Puede trabajar con cualquier tipo de vestimenta, pero si el sujeto es su jefe, es preferible que tenga mentalmente una actitud conveniente. De la misma forma, tiene que mantenerse mentalmente recto, presentar una mirada directa, tiene que expresarse como lo haría naturalmente con el sujeto. Incluso a distancia, es sensible a ello y esto puede favorecer de forma considerable su acción.

Cultive la calma practicando la relajación, el yoga o la gimnasia, por ejemplo. Absténgase siempre que sea posible de fumar, beber alcohol o café. Al contrario, puede dar privilegio a los alimentos ricos en calcio, fósforo y magnesio. En cambio, si se trata de una acción importante, puede serle beneficioso comer carne roja durante los días precedentes a su acción para aumentar la proyección *néurica*.

Economice su energía. Evite hablar mucho o moverse. Piense siempre en absorber la energía que se encuentra en el medio ambiente. Con la voluntad es suficiente.

Practique de forma regular ejercicios respiratorios. No es indispensable, siempre que usted no lo quiera, que sea muy complicado. Puede conformarse, cada vez que tenga un momento de tranquilidad, con instalarse correctamente, la espalda recta, e inspirar con un ritmo de cinco segundos: inspiración (5) y espiración (5). O mejor todavía: inspiración (5), retención (5), espiración (5), retención (5).

Este ejercicio será todavía más provechoso si toma como unidad contable su ritmo cardiaco. Basta tomarse el pulso durante unos segundos y continuar así.

La sugestión mental espontánea

La práctica regular desarrolla rápidamente el poder de sugestión, hasta el punto de que acaba por hacerse espontánea. Se sorprenderá al comprobar que muy pronto podrá influir en las personas sin hacer nada para ello. A veces, incluso a personas que en teoría usted tiene que respetar. Serán ellos, al contrario, los que mostrarán deferencia hacia usted.

Si se trata de una persona que practica habitualmente algunas formas elevadas de meditación o que alcanza un nivel muy alto de progreso espiritual, la sugestión mental se realiza de forma automática hacia aquellas personas a las que puede aportar algo o que pueden necesitar su colaboración. Esto sucede a menudo así en los momentos críticos. A veces he sabido que algunas personas estaban en peligro y he intervenido por propia iniciativa.

También es válido para personas que desconocen el fenómeno, pero que poseen naturalmente el poder de interiorizar sus sentimientos y sus pensamientos. Sin embargo, en esos casos, los resultados no son siempre positivos.

El estudiante de sugestión mental tiene que controlar sus pensamientos en cualquier momento si no quiere arriesgarse a recibir lo contrario de lo que desea.

La sugestión mental universal

También se puede actuar sobre todo un grupo o sobre *las personas* en general, sobre personas desconocidas. Es el caso del comerciante o del representante de comercio que tiene más interés en actuar de esta forma que en intentar influir sobre una persona en particular. Esto también puede hacerse perfectamente tanto de forma directa en un almacén, por ejemplo, y por tanto a la vista, como tranquilamente en casa. Evidentemente, en este último caso, esto precisa un poco más de concentración. Es necesario imaginar un ser humano sin cara ni característica sexual.

La sugestión universal permite un entrenamiento práctico a la sugestión. Todos los lugares públicos se convierten de esta forma en campos de experimentación. Durante un viaje en transporte público, en una sala de espera, usted puede sugerir que las personas se rasquen la nariz, o la oreja, o que hagan un gesto en concreto. Basta sentir uno mismo el deseo de realizar esta acción e imaginarse el gesto. Se sentirá sorprendido al ver a varias personas, las más sensibles o las que están más en correspondencia con la naturaleza de la sugestión, obedecer en los minutos siguientes. La repetición de este tipo de ejercicio le convencerá de que es realmente usted el que provoca estas reacciones.

El virtuosismo

El hombre espiritualmente avanzado influye naturalmente en los demás. Bien entrenado, cuando actúa de forma voluntaria, puede prácticamente dictar su voluntad, y esta puede entonces ejecutarse con una precisión y una rapidez prodigiosas.

Conclusión

Dispone ahora de un método de acción psíquica fácil para poner en práctica y de una eficacia que le sorprenderá. Le permitirá liberarse de la fatalidad y obtener la realización de lo que puede esperar de forma legítima.

Recuerde que sólo debe utilizarlo por razones positivas, beneficiosas tanto para usted como para los demás. Este conocimiento, como los esfuerzos para superar las dificultades de la existencia, no es más que un primer nivel hacia la conquista de la vida.

Glosario

Desear: anhelar la realización, la posesión de algo. Codiciar. Tender hacia un acto que se quiere realizar. «Quien desea siente la necesidad de tener» (Lafaye).

Hechizo: recitación de fórmulas que tienen como objetivo producir sortilegios, encantamientos.

Ideograma: signo que describe globalmente una idea y no un sonido.

Introyección: término del vocabulario psicoanalítico que designa la incorporación imaginaria de un objeto o de una persona.

Mantra: fórmula sagrada, plegaria, en el brahmanismo.

Persuasión: implica simplemente razones que se dirigen al corazón y que, por ello, pueden engañar.

Querer: tener la intención determinada de hacer algo. «Quien quiere actúa u ordena que actúen» (Lafaye).

Rhadrags: en el Tíbet, largas banderolas flotantes cubiertas de fórmulas *mágicas*.

Subliminal: que se sitúa debajo del umbral de percepción.

Supraconsciente (o superconsciente): pura conciencia, conciencia absoluta, que actúa en lo más profundo de nosotros mismos.

Telepsiquismo: una clase de telepatía.